だれにでもわかる文法と発音の基本ルール

新 ゼロからスタート 韓国語

音声ダウンロード付

文法入門編

鶴見　ユミ
Tsurumi Yumi

Jリサーチ出版

読者へのメッセージ

　韓国旅行をしたことがある方はお気づきだと思いますが、短いフレーズを丸暗記すればショッピングや食事など簡単な会話をすることができます。しかし、ネイティブスピーカーが話す内容は聞き取れないことがほとんどです。こうした丸暗記の韓国語から脱却するには、基礎文法を学んで文法の土台をつくっていく必要があります。

　本書は、韓国語の基礎文法をマスターするための1冊です。ゼロからスタートする入門者の方がやさしく学べることをめざして、できるかぎりわかりやすい文法説明を心がけました。基礎があいまいなまま中級に進んでしまった学習者の方も復習用の教材としてご利用いただけます。

✿ ハングルを覚えることからスタートしよう

　韓国語を学習するときに最初に覚えなくてはならないのが文字です。韓国語の文字のことを「ハングル」といいます。ハングルはローマ字のしくみとほぼ同じで、子音と母音の組み合わせによってできています。

　韓国語には漢字表記はなく、ハングルの子音と母音さえ覚えればすぐに読めるようになります。文字入力も難しくありません。インターネットやスマートフォンなどを使って簡単に意味を調べることもできます。

✿ 54の「文法公式」で基礎文法をマスターしよう

　本書では韓国語の基礎を54の「文法公式」で学習できるようになっています。文法の基礎知識が簡潔にまとめられているので、入門者もスムーズに学習を進めることができるでしょう。

日本語ネイティブが韓国語の文法を理解しやすい理由はいくつか
あります。日本語と語順がほぼ同じであることや、活用形が3種類しか
ないことなどです。

　本書の文法公式をマスターすれば、旅行や日常生活のさまざまな場面
で間違いのない適切な韓国語を話せるようになります。また、TOPIK Ⅰ
（韓国語能力試験の初級）に挑めるレベルの力が身につきます。

✿ 語彙力と聞き取り力も同時に強化しよう

　基礎文法を習得して文を組み立てる力をつけるとともに、語彙を増や
すことも大切です。各課の「新出単語」「補充単語」をしっかり覚えま
しょう。また、各課の終わりにある「かんたん10分エクササイズ」では、
語彙をさらに増強できるように、本文以外の新しい単語を使って作文練
習ができるようになっています。韓国語には日本語と共通した漢字を使う
「漢字語」があり、発音もよく似ているので日本語ネイティブにはとても
覚えやすいと言えます。

　聞き取りにもトライしましょう。聞き取る力をつけるには、短いフレーズ
を繰り返し音読することが効果的です。本書付属の音声を繰り返し聞い
て、自分でもリピートしてみることをお勧めします。

　本書を使って韓国語の基礎を身につけて、「韓国語を話せるように
なりたい」というみなさんの夢をぜひかなえてください。

著者

目 次

本書の利用法

本書は韓国語をゼロから学習する入門者向けの参考書です。まず「文字・発音編」でハングルとその発音のしかたを学び、「文法編」に進むという流れになっています。「文法編」は4パートに分かれ、27の課で構成されています。

文字・発音編 >> ハングルと発音を身につけましょう

韓国語はまずハングルを覚えることが大切です。ハングルのしくみと書き順、発音をていねいに解説します。ハングルを覚えて、韓国語の基盤をつくります。

文法編 >> 54の公式で簡単に覚えられます

韓国語の文法知識を54の公式にまとめてあります。例文も交えて、わかりやすく解説していますので、しっかり身につきます。

■例文
テーマの文法項目を身につけるための例文です。「カナ発音」「日本語」が付いているので、ひと目で文の構造がわかります。

■新出単語・補充単語
「新出単語」は例文で使われる単語を、「補充単語」は後続ページの単語をまとめたものです。

■学習ポイント
各課で学ぶ文法項目を紹介します。

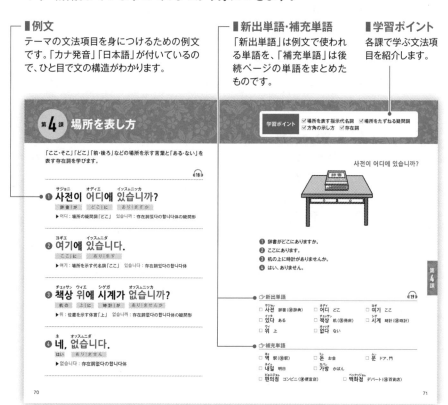

音声を聞きましょう

　本書の音声は無料でダウンロードできます。音声には「各課の例文」「新出単語」「補充単語」「文法公式の例文」が収録されています。何度も聞いて、韓国語の音に慣れるようにしましょう。

☞音声ダウンロードの方法については、12ページをごらんください。

▌文法公式
文法公式は、韓国語の基本的な文法事項をシンプルにまとめたものです。
例文も利用して、文法のしくみをしっかり覚えましょう。

韓国語の文法公式を覚えよう

 特定の場所を示す言葉は
体言につなぐ

　おおまかな方向を指す指示代名詞は、全部で3つあります。日本語と同じなので覚えやすいです。

● ^{ヨギ}여기 ここ	● ^{コギ}거기 そこ	● ^{チョギ}저기 あそこ

　「家の前」「机の上」のように、特定の場所を表す言葉は必ず体言の後につなぎます。この場合、「の」にあたる의は通常省略します。

^{ウィ}	^{ミッ アレ}	^{ヨプ}

●かんたん10分エクササイズ
各課の最後には、復習のための問題が用意されています。
鉛筆を手に書き込みながら解答しましょう。書くことでハングルが身につきます。

●文法編チェック問題
各文法編の最後にはテーマを総復習する問題が用意されています。
問題を解いて、知識の定着を図りましょう。

●文法公式のまとめ
巻末には、54の文法公式の一覧があります。復習や確認のために利用してください。

韓国語は日本人にこんなに学びやすい！

日本語と韓国語は似ている

　勉強を始める前に、韓国語の特徴や日本語との共通点などを知ることによって、学習のコツが見えてきます。

　まずは韓国語と日本語の比較をしてみましょう。次の韓国語を見てください。

１ 한국의 대학교 도서관은 보통 오전 6시부터
　오후 11시까지 이용할 수 있습니다.

　当然ですが、さっぱり意味が分からないでしょう。では、韓国語の「漢字語」の部分を漢字表記にしてみます。

２ 韓国의 大学校 図書館은 普通 午前 6時부터
　午後 11時까지 利用할 수 있습니다.

　これだとだいたいの意味がわかりませんか。「漢字語」（本書では㊥と表記）は漢字に由来する言葉で、元々は漢字表記だったけれど、現代ではハングル表記している言葉です。元々漢字がない言葉（日本語の和語にあたる）を韓国語の「固有語」といいます。ここで漢字を使っていないのは、의や은などの助詞と、할 수 있습니다という語尾です。つまり、これらは固有語です。

　では日本語に訳してみましょう。

３ 韓国の大学の図書館は、普通、午前6時から
　午後11時まで利用することができます。

　１〜**３**を比べてみると、日本語と同じ漢字を使っていたり（漢字表記はしませんが）、同じ語順だったりと、日本語とよく似ていることがわかります。

こんなにある！　日本語との共通点

日本語と似ている点をさらに掘り下げてみましょう。

❀ 共通の漢字語があって、発音も似ている

　現代の韓国語は漢字表記を使いませんが、日本語と共通する漢字語が熟語全体の6割ほどあります。しかも日本語の漢字の音読みと韓国語の漢字語の発音はよく似ています。

日本語	韓国語	韓国語の発音
図書館	도서관	トソグ_{ヮン}
利用	이용	イヨ_ン

　日本語の漢字には音読みと訓読みがありますが、韓国語では1つの漢字につき読み方は基本的に1つだけです（一部例外もあります）。

❀ 語順がほとんど同じで、助詞もある

　韓国語も主語で始まり述語で終わります。日本語と同じく助詞があり、助詞の入る位置も日本語とよく似ています。

私　　は　　日本人　　　　です。
저　　는　　일본사람　　입니다.

子ども　は　　小さい　です。
아이　는　　작　습니다.

✿ 主語がなくても会話が成立する

会話では「明日、行きます」のように、主語や目的語を省いても相手に通じます。

✿「です・ます」にあたる言葉と、くだけた言葉がある

韓国にも「ですます」調の語尾があります。日本語と違うのは、韓国語の「ですます」調は2種類あるという点です。かしこまった「ですます」調（ハムニダ体）とカジュアルな「ですます」調（ヘヨ体）があります。

他方で、いわゆる「タメ口」にあたる、くだけた言葉遣いもあります（パンマルといいます）。親しい人や目下の人に対して使うもので、目上の人に使ってはいけません。

韓国語が日本語と違う点として、男言葉／女言葉がありません。どんな語尾も男女の区別がありませんし、私／僕／俺などの人称代名詞にも男女の区別がありません。

✿ 尊敬表現がある

日本語と同じで、尊敬語も謙譲語もあります。韓国には目上の人を敬う文化があるので、尊敬語は必ず使えるようにしておきましょう。しかし、日本語のように単語そのものが変わるものは少なく、ほとんどは規則的な活用で尊敬語をつくることができます。

日本語との共通点を知れば知るほど、韓国語が日本語ネイティブにとって学びやすい外国語であることがおわかりいただけると思います。

「反切表」とは、ハングルの母音と子音の組み合わせの一覧表のことです。
日本語の五十音表のようなものです。ハングルの全体像がわかります。

子音 ＼ 母音	ㅏ	ㅑ	ㅓ	ㅕ	ㅗ	ㅛ	ㅜ	ㅠ	ㅡ	ㅣ
ㄱ	가	갸	거	겨	고	교	구	규	그	기
ㄴ	나	냐	너	녀	노	뇨	누	뉴	느	니
ㄷ	다	댜	더	뎌	도	됴	두	듀	드	디
ㄹ	라	랴	러	려	로	료	루	류	르	리
ㅁ	마	먀	머	며	모	묘	무	뮤	므	미
ㅂ	바	뱌	버	벼	보	뵤	부	뷰	브	비
ㅅ	사	샤	서	셔	소	쇼	수	슈	스	시
ㅇ	아	야	어	여	오	요	우	유	으	이
ㅈ	자	쟈	저	져	조	죠	주	쥬	즈	지
ㅊ	차	챠	처	쳐	초	쵸	추	츄	츠	치
ㅋ	카	캬	커	켜	코	쿄	쿠	큐	크	키
ㅌ	타	탸	터	텨	토	툐	투	튜	트	티
ㅍ	파	퍄	퍼	펴	포	표	푸	퓨	프	피
ㅎ	하	햐	허	혀	호	효	후	휴	흐	히
ㄲ	까	꺄	꺼	껴	꼬	꾜	꾸	뀨	끄	끼
ㄸ	따	땨	떠	뗘	또	뚀	뚜	뜌	뜨	띠
ㅃ	빠	뺘	뻐	뼈	뽀	뾰	뿌	쀼	쁘	삐
ㅆ	싸	쌰	써	쎠	쏘	쏘	쑤	쓔	쓰	씨
ㅉ	짜	쨔	쩌	쪄	쪼	쬬	쭈	쮸	쯔	찌

合成母音	ㅐ	ㅒ	ㅔ	ㅖ	ㅘ	ㅙ	ㅚ	ㅝ	ㅞ	ㅟ	ㅢ
子音 ㅇ	애	얘	에	예	와	왜	외	워	웨	위	의

音声ダウンロードのご案内

STEP 1 商品ページにアクセス! 方法は次の3通り!

1 右のコードを読み取ってアクセス。

ダイレクトに
アクセス!

2 https://www.jresearch.co.jp/book/b611418.html
を入力してアクセス。

ダイレクトに
アクセス!

3 Jリサーチ出版のホームページ
(https://www.jresearch.co.jp/)にアクセスして、
「キーワード」に書籍名を入れて検索。

ホームページから
商品ページへ!

STEP 2 ページ内にある「音声ダウンロード」
ボタンをクリック!

STEP 3 ユーザー名「1001」、パスワード「25687」を入力!

STEP 4 音声の利用方法は2通り! 学習スタイルに合わせた方法でお
聞きください!

1 「音声ファイル一括ダウンロード」より、
ファイルをダウンロードして聴く。

2 ▶ボタンを押して、その場
で再生して聴く。

※ダウンロードした音声ファイルは、パソコン・スマートフォンなどでお聞きいただくことが
できます。一括ダウンロードの音声ファイルは.zip形式で圧縮してあります。解凍してご
利用ください。ファイルの解凍が上手くできない場合は、直接の音声再生も可能です。

≫音声ダウンロードについてのお問合せ先
toiawase@jresearch.co.jp(受付時間:平日9時〜18時)

文字・発音編

まず韓国語の文字＝ハングルのしくみと発音を覚え
ましょう。韓国語のハングルは、日本語のひらがな・
カタカナにあたります。韓国語の初学者にとって最
初のチャレンジがハングルですが、ご安心ください。
ハングルはしくみさえわかれば覚えるのは簡単です。

ハングルのしくみと書き方

ハングルは子音と母音の組み合わせでできた文字です。韓国も漢字文化圏ですが、現代の韓国語は日本語のように漢字を使わず、基本的にハングルで表記します。ハングルは一度覚えてしまえば、何でも読むことができますし、辞書を引くことも、キーボードを打つこともできます。

ハングルはローマ字と似ている?

ハングルの1文字は、ローマ字のような母音と子音の組み合わせです。まずは下のローマ字のしくみを見てみましょう。

子音　母音
$$k + a = ka$$
読み方は「カ」

子音　母音
$$k + o = ko$$
読み方は「コ」

ハングルも基本はこれと同じです。アルファベットは「ka」「ko」のように子音と母音を横に並べるパターンしかありませんが、ハングルでは、子音と母音の組み合わせに、上下と左右があります。ハングルの最初の子音を「初声」、それに続く母音を「中声」といいます。

① 左右の組み合わせ

子音k　母音a　ka
$$ㄱ + ㅏ = 가$$
読み方は「カ」

カ
가
ㄱ ㅏ
初声 中声
k a

② 上下の組み合わせ

子音k　母音o　ko
$$ㄱ + ㅗ = 고$$
読み方は「コ」

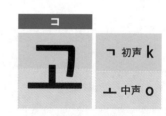

コ
고
ㄱ 初声 k
ㅗ 中声 o

パッチム（終声）

　ハングルでは、子音＋母音に続けて、もう1つ子音を付けることができます。その子音を「終声」、韓国語では받침といいます。ハングルには初声＋中声で1文字になるパターンと、初声＋中声＋終声で1文字になるパターンがあります。

① **左右＋パッチム**

감は「柿」という意味

② **上下＋パッチム**

곰は「熊」という意味

　「감」は1文字として一気に発音しましょう。「カ・ム/ka・mu」と分けて発音してしまうと、韓国の人には「가무/kamu」という2文字の別の語に聞こえてしまいます。

＊二重パッチム

　この他にパッチムが2個付く二重（2文字）パッチムもあります（p.34参照）。ハングルの1文字は最大4つのパーツでできています。

（例）

닭 ［ニワトリ］　　몫 ［分け前］

15

ハングルの種類と書き順

　ハングルには、10個の基本母音と、基本母音を元にできた11個の合成母音があります。また、19個の子音があって、子音は鼻音(びおん)(3個)・流音(りゅうおん)(1個)・平音・激音(へいおん げきおん)・濃音(のうおん)(各5個)とグループ分けされています。激音と濃音は平音を元にできた文字なので形も発音もよく似ています。書き順は全て左上から右下に向かいます。

① 母音

基本母音(10個)：ㅏ ㅑ ㅓ ㅕ ㅗ ㅛ ㅜ ㅠ ㅡ ㅣ

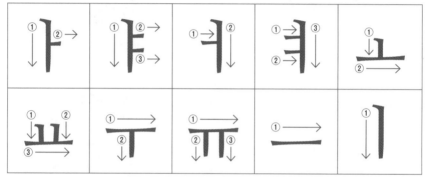

合成母音(11個)：ㅐ ㅒ ㅔ ㅖ ㅘ ㅙ ㅚ ㅝ ㅞ ㅟ ㅢ

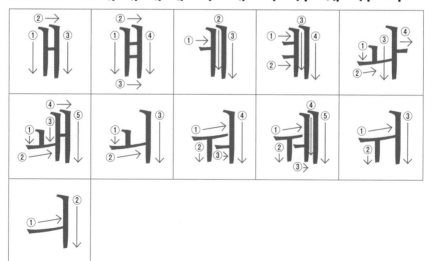

② 子音

鼻音（3個）：ㄴ　ㅁ　ㅇ

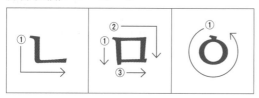

流音（1個）：ㄹ

平音（5個）：ㄱ　ㄷ　ㅂ　ㅈ　ㅅ

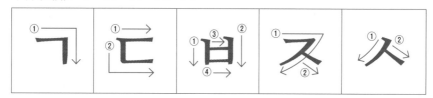

激音（5個）：ㅋ　ㅌ　ㅍ　ㅊ　ㅎ

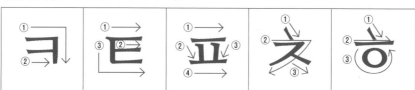

濃音（5個）：ㄲ　ㄸ　ㅃ　ㅉ　ㅆ

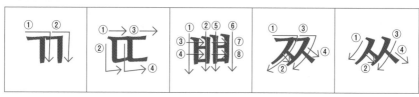

ハングルには日本語の「あいうえお」よりも多い10個の基本母音があります。

基本母音の種類と成り立ち

基本母音（10個）： ㅏ ㅑ ㅓ ㅕ ㅗ ㅛ ㅜ ㅠ ㅡ ㅣ

－の音・陰母音		＋の音・陽母音	
ㅕ ヨ	ㅓ オ	ㅏ ア	ㅑ ヤ
ㅠ ユ	下 ㅜ ウ	上 ㅗ オ	ㅛ ヨ
	大地 ㅡ ウ	人 ㅣ イ	

「ヨ」「オ」「ウ」が2つずつありますが、それぞれ発音が違います。p.20で説明します。

左の表のように、ハングルの母音はプラスの音（陽母音）とマイナスの音（陰母音）に分かれてます。陽母音と陰母音は棒の向きが対称的で、ちょうど反対の形になっています。これは韓国語の母音が陰陽五行を元につくられたためです。

　母音は天（太陽）【・】、大地【一】、人【｜】を意味する象形文字からなっていて、これを太陽が東から上って西に沈む動きに当てはめています。

　｜（人）＋・（天）　　＝ ㅏ　人より右側（東）に太陽があると陽母音（＋）

　・（天）＋｜（人）　　＝ ㅓ　人より左（西）に太陽があると陰母音（ー）

　・（天）＋ 一（大地）＝ ㅗ　大地より上に太陽があると、陽母音（＋）

　一（大地）＋・（天）＝ ㅜ　大地より下に太陽があると、陰母音（ー）

　基本母音の表（p.18）のように、陽母音と陰母音は左右・上下対称の2セットになっています。対になっている陽母音と陰母音は同じ口の形で発音します。

　ハングルは子音と母音が組み合わさって初めて文字が成立するので、この表にある母音だけでは文字になりません。そこで、母音を発音するときは、初声に来ると音を持たない「ㅇ」という子音を使います。

① アを発音するときの口の形で発音

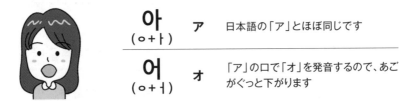

아 (ㅇ+ㅏ)	ア	日本語の「ア」とほぼ同じです
어 (ㅇ+ㅓ)	オ	「ア」の口で「オ」を発音するので、あごがぐっと下がります

② オを発音するときの口の形で発音

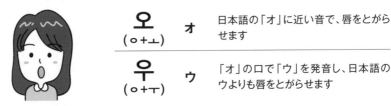

오 (ㅇ+ㅗ)	オ	日本語の「オ」に近い音で、唇をとがらせます
우 (ㅇ+ㅜ)	ウ	「オ」の口で「ウ」を発音し、日本語のウよりも唇をとがらせます

③ イを発音するときの口の形で発音

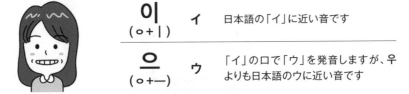

이 (ㅇ+ㅣ)	イ	日本語の「イ」に近い音です
으 (ㅇ+ㅡ)	ウ	「イ」の口で「ウ」を発音しますが、우よりも日本語のウに近い音です

　日本語ネイティブには区別しにくいオの2つの音「어/오」とウの2つの音「우/으」の違いを出すには、口の形に気をつけて音の違いに慣れましょう。

　6個の母音を覚えたら、残り4個の母音（ヤ行の音）を学習すれば、基本母音10個は完成です。

④ ヤを発音するときの口の形

야 (ㅇ＋ㅑ)	ヤ	日本語の「ヤ」と同じです
여 (ㅇ＋ㅕ)	ヨ	「ヤ」の口で「ヨ」を発音します

⑤ ヨとユの発音は日本語とほぼ同じ

요 (ㅇ＋ㅛ)	ヨ	日本語の「ヨ」と同じです
유 (ㅇ＋ㅠ)	ユ	日本語の「ユ」と同じです

🧑‍🏫 発音練習

- ^イ**이** 歯、この〜、「李さん」のイ
- ^{オイ}**오이** きゅうり
- ^{アイ}**아이** 子ども
- ^{ウユ}**우유** 牛乳
- ^{ヨユ}**여유** 余裕
- ^{ヨウ}**여우** 女優、きつね
- ^{イユ}**이유** 理由

母音② 合成母音

　合成母音は基本母音を元に2つの母音が組み合わさった母音です。全部で11個あります。日本語にはない音もあり、聞き分けが難しい音です。

合成母音の種類

合成母音は以下の11個です。

ㅐ ㅒ ㅔ ㅖ ㅘ ㅙ ㅚ ㅝ ㅞ ㅟ ㅢ

　ㅐとㅔは韓国人にも聞き分けが難しい音で、人名や地名などの固有名詞で出てくると「ㅏ、ㅣのㅐか」「ㅓ、ㅣのㅔか」とたずねるほどです。また、ㅙとㅚとㅞも実際の発音では区別が難しいです。音としては聞き分けづらいですが、つづりではしっかり区別されているので、それらが使われている単語のつづりをきちんと覚えましょう。

合成母音の発音のしかた

① ㅏベースの合成母音

애 (ㅏ+ㅣ)	エ	日本語の「エ」よりも口を大きめに開けて発音します。
얘 (ㅑ+ㅣ)	イェ	口を大きめに開けて「イェ」と一気に発音します。

② ㅓベースの合成母音

에 (ㅓ+ㅣ)	エ	日本語の「エ」と同じです。
예 (ㅕ+ㅣ)	イェ	「イェ」と一気に発音します。

③ ㅗベースの合成母音

와 (ㅗ + ㅏ)	ワ	日本語の「ワ」と同じ発音です。
왜 (ㅗ + ㅐ)	ウェ	口をすぼめた「オ」から一気に「ウェ」と発音します。
외 (ㅗ + ㅣ)	ウェ	一気に「ウェ」と発音します。

④ ㅜベースの合成母音

워 (ㅜ + ㅓ)	ウォ	口をすぼめた「ウ」から一気に「ウォ」と発音します。
웨 (ㅜ + ㅔ)	ウェ	一気に「ウェ」と発音します。
위 (ㅜ + ㅣ)	ウィ	一気に「ウィ」と発音します。

⑤ ㅡベースの合成母音

의 (ㅡ + ㅣ)	ウィ	口を横に広げたまま一気に「ウィ」と発音します。

注意 ㅢは特殊な発音をする合成母音です（p.40参照）。

発音練習

- ^{イェ} **얘** この子（아이の縮約形）
- ^{イェ} **예** 例、はい（返事）
- ^{ウェ} **왜** なぜ
- ^{ウィ} **위** 上
- ^{イウェ} **이외** 以外
- ^{ウィム} **의무** 義務
- ^{イェイ} **예의** 礼儀
- ^{ウィウェ} **의외** 意外

第4課　子音① 子音の種類

　ハングルには全部で19個の子音があります。これらの子音と母音を組み合わせて韓国語の音をつくります。

子音19個の2つの分類方法

　ハングルの子音は以下の19個です。

ㄱ ㄴ ㄷ ㄹ ㅁ ㅂ ㅅ ㅇ ㅈ ㅋ
ㅌ ㅍ ㅊ ㅎ ㄲ ㄸ ㅃ ㅆ ㅉ

　これらはいくつかのグループに分けられます。ここからの学習に必要となるので、グループ分けを覚えておきましょう。

① 発音のしかたによる分類

■ 鼻音（びおん）（3個）： ㄴ ㅁ ㅇ

■ 流音（りゅうおん）（1個）： ㄹ

■ 平音（へいおん）（5個）： ㄱ ㄷ ㅂ ㅈ ㅅ

■ 激音（げきおん）（5個）： ㅋ ㅌ ㅍ ㅊ ㅎ

■ 濃音（のうおん）（5個）： ㄲ ㄸ ㅃ ㅉ ㅆ

✓激音と濃音は平音を元にできた文字なので、形も発音もよく似ています。

② 音別の分類

■k音: ㄱ ㅋ ㄲ

■n音: ㄴ

■t音: ㄷ ㅌ ㄸ

■l音: ㄹ

■m音: ㅁ

■p音: ㅂ ㅍ ㅃ

■s音: ㅅ ㅆ

■Ø/ŋ音: ㅇ

■ʧ音: ㅈ ㅊ ㅉ

■h音: ㅎ

子音19個のうち、ㄴ/ㅁ/ㅇが鼻音、ㄹが流音です。
母音ㅏと組み合わせて、鼻音ㄴ/ㅁ/ㅇと流音ㄹの発音を覚えましょう。

① 鼻音3種類

赤ちゃんが最初に話す「まんま」などの喃語が鼻音です。鼻から息が抜ける音です。

나	ナ	日本語のナ行の音です。
마	マ	日本語のマ行の音です。
아	ァ	初声にくる場合は音がありません。

② 流音1種類

発音するときに巻いた舌の両側から息が流れ出すので、流音または舌側音とも呼ばれます。

라	ラ	日本語のラ行の音です。

🔊 発音練習

- ヌナ **누나** お姉さん
- ナム **나무** 木
- ウユ **우유** 牛乳
- ウリ **우리** 私たち
- ナ **나** 私、僕、俺
- ナイ **나이** 年
- イマ **이마** おでこ
- オモニ **어머니** お母さん
- マニョ **마녀** 魔女
- モオ **모어** 母語
- ナラ **나라** 国
- モリ **머리** 頭

第6課 子音③ 平音 🎧4

　子音19個のうち、ㄱ/ㄷ/ㅂ/ㅅ/ㅈが平音という音です。

　母音ㅏと組み合わせて平音ㄱ/ㄷ/ㅂ/ㅅ/ㅈの発音を覚えましょう。それぞれ日本語のカ行・タ行・パ行・チャ行・サ行に似た音ですが、日本語よりも少し柔らかく息を吐きます。例えば가なら「カ」より濁音「ガ」に近い音を出しますが、完全に「ガ」と濁るわけではありません。また、息を強く吐きすぎると、この後で学ぶ激音（第7課）に聞こえてしまうので注意しましょう。

가	カ	日本語のカ行より柔らかく息を吐きます。
다	タ	日本語のタ行より柔らかく息を吐きます。
바	パ	日本語のパ行より柔らかく息を吐きます。
자	チャ	日本語のチャ行より柔らかく息を吐きます。
사	サ	日本語のサ行より柔らかく息を吐きます。

👤 発音練習

- ビ **비** 雨
- ソ **소** 牛
- コミ **거미** クモ
- タリ **다리** 足、橋

- ビヌ **비누** 石けん
- チャユ **자유** 自由
- カス **가수** 歌手
- ブモ **부모** 父母

- チャリ **자리** 席
- ソリ **소리** 音
- タシ **다시** 再び
- ソロ **서로** お互い

- カロス **가로수** 街路樹
- ソナム **소나무** 松

子音④ 激音
_{げきおん}

🎧 5

　子音19個のうち、ヨ/ㅌ/ㅍ/ㅊ/ㅎが激音と呼ばれる音です。このうち最初の4つは平音を元にしてできています。

　母音ㅏと組み合わせて激音ㅋ/ㅌ/ㅍ/ㅊ/ㅎの発音を覚えましょう。激音は平音に比べて息を強く吐いて発音するという特徴があります。日本語のカ行・タ行・パ行・チャ行よりはるかに息を強く出します。ㅎの音も発音するときに「ハー」と息がたくさん出るので激音に分類されます。

카	カ	日本語のカ行よりも息を強く出しながら発音します。
타	タ	日本語のタ行よりも息を強く出しながら発音します。
파	パ	日本語のパ行よりも息を強く出しながら発音します。
차	チャ	日本語のチャ行よりも息を強く出しながら発音します。
하	ハ	日本語のハ行の音です。

👤 発音練習

● ^コ**코** 鼻　　● ^キ**키** 背　　● ^パ**파** 長ネギ　　● ^{チャ}**차** 車、茶

● ^{チマ}**치마** スカート　● ^{コトゥ}**코트** コート　● ^{チョカ}**조카** 甥、姪　● ^{チハ}**지하** 地下

● ^{オフ}**오후** 午後　● ^{コチュ}**고추** とうがらし　● ^{トマト}**토마토** トマト

● ^{トトリ}**도토리** どんぐり　● ^{サトゥリ}**사투리** 方言　● ^{キチャピョ}**기차표** 切符

子音19個のうち、ㄲ/ㄸ/ㅃ/ㅉ/ㅆが濃音と呼ばれる音です。濃音も平音を元にしてできています。

　母音ㅏと組み合わせて濃音ㄲ/ㄸ/ㅃ/ㅉ/ㅆの発音を覚えましょう。日本語のカ行・タ行・パ行・チャ行・サ行に似ていますが、日本語では意識的に使われることがほとんどない、喉を絞って息を全くもらさない発声をします。音を出す前に小さい「ッ」を入れるイメージを持つと発音しやすくなります。カラスが鳴くような高い音になるのが特徴です。

까	ッカ	「がっかり」の「っか」の音。
따	ッタ	「言った」の「った」の音。
빠	ッパ	「さっぱり」の「っぱ」の音。
짜	ッチャ	「あっち」の「っち」の音。
싸	ッサ	「あっさり」の「っさ」の音。

発音練習

- ^{ッカダ} **까다** むく
- ^{ッタルダ} **따르다** 従う
- ^{ッパルダ} **빠르다** はやい
- ^{ッチャダ} **짜다** しょっぱい
- ^{ッサダ} **싸다** 安い
- ^{ッカチ} **까치** カササギ
- ^{トッキ} **토끼** ウサギ
- ^{ッコマ} **꼬마** ちびっこ
- ^{コッキリ} **코끼리** 象
- ^{ッティ} **띠** ベルト、帯
- ^{ッタロ} **따로** 他に
- ^{ッピョ} **뼈** 骨
- ^{ッポッポ} **뽀뽀** キス
- ^{ップリ} **뿌리** 根
- ^{カッチャ} **가짜** 偽物
- ^{アジョッシ} **아저씨** おじさん

パッチムの種類と発音

この課ではパッチム（終声）について学びます。

パッチムの種類は、これまでに学習した子音19個（鼻音・流音・平音・激音・濃音）のうちの16個と、子音を組み合わせた二重パッチム11個の合計27個です。

基本子音の パッチム	ㄴ ㅁ ㅇ ㄹ ㄱ ㄷ ㅂ ㅈ ㅅ ㅋ ㅌ ㅊ ㅍ ㅎ ㄲ ㅆ

二重パッチム	ㄳ ㄵ ㄶ ㄺ ㄻ ㄼ ㄽ ㄾ ㄿ ㅀ ㅄ

音による分類

27個のパッチムは7種類の音（発音記号）に分類できます。つまり、パッチムの数は多くても、出す音は7つだけです。それぞれ、小さな「ン（n）」「ム」「ン（ŋ）」「ル」「ク」「ッ」「プ」の音を出すイメージです。パッチムの付いている文字はパッチムの音も含めて1つの音として一気に発音します。

✓本書のカタカナの発音表記では、パッチムにあたる部分を小さい文字で表しています。

ン(n)	ㄴ	ㄵ	ㄶ		
ム	ㅁ	ㄻ			
ン(ŋ)	ㅇ				
ル	ㄹ	ㄽ	ㄾ	ㅀ	
ク	ㄱ	ㅋ	ㄲ	ㄳ	ㄺ*
ッ	ㄷ	ㅌ	ㅈ	ㅊ	ㅅ ㅆ ㅎ
プ	ㅂ	ㅍ	ㄼ	ㅄ	ㄿ

✓ㄹパッチムは、次に来る文字の最初の子音がㄱ〈キウク〉のときはㄹ〈リウル〉で発音されることがあります。この法則は用言に限定されます（p.34の「注意」を参照）。

鼻音パッチム

3種の鼻音パッチムㄴ〈ニウン〉/ㅁ〈ミウム〉/ㅇ〈イウン〉は日本語の「ン」に近い音になりますが、韓国語では3種の鼻音ごとに違う「ン」を使い分けます。

신주쿠 〈シンジュク〉	「しんじゅく（新宿）」と発音してみましょう。 舌が上あごに付いた「ん」になります。
심바시 〈シムバシ〉	「しんばし（新橋）」と発音してみましょう。 唇を閉じた「ん」になります。
상구바시 〈サングバシ〉	「さんぐうばし（参宮橋）」と発音してみましょう。 口がぽっかりと開いた「ん」になります。

🔊 発音練習

- **눈** 〈ヌン〉 目、雪
- **봄** 〈ボム〉 春
- **방** 〈バン〉 部屋
- **야망** 〈ヤマン〉 野望
- **양** 〈ヤン〉 羊
- **모양** 〈モヤン〉 模様
- **모임** 〈モイム〉 集まり
- **라면** 〈ラミョン〉 ラーメン
- **런닝** 〈ロンニン〉 ランニング
- **영어** 〈ヨンオ〉 英語

流音パッチム

流音パッチムㄹ〈リウル〉は言葉の最後に小さな「ル」を言うイメージで発音します。英語のlの発音に近いです。

🔊 発音練習

- **알** 〈アル〉 たまご
- **말** 〈マル〉 馬、言葉
- **돌** 〈トル〉 石
- **마늘** 〈マヌル〉 にんにく
- **서울** 〈ソウル〉 ソウル
- **정말** 〈チョンマル〉 本当

平音パッチムは ㄱ/ㄷ/ㅂ/ㅈ/ㅅ の5つがありますが、音は3種類しかありません。ㄱ/ㅂ以外の ㄷ/ㅈ/ㅅ パッチムは、実際に発音してみると全て同じです。

<ruby>악<rt>アク</rt></ruby>	「あっかん」の「っ」の音。 パッチムのk音を発音するときは口がぽっかりと開いています。
<ruby>앋<rt>アッ</rt></ruby>	「あった」の「っ」の音。 パッチムのt音を発音するときは舌が上あごに付いています。
<ruby>압<rt>アプ</rt></ruby>	「あっぱく」の「っ」 パッチムのp音を発音するときは口がぎゅっと閉じます。
<ruby>앚<rt>アッ</rt></ruby>	ㄷパッチムと同じ発音です。
<ruby>앗<rt>アッ</rt></ruby>	ㄷパッチムと同じ発音です。

発音練習

- <ruby>약<rt>ヤク</rt></ruby> 薬
- <ruby>곧<rt>コッ</rt></ruby> すぐ
- <ruby>입<rt>イプ</rt></ruby> 口
- <ruby>낮<rt>ナッ</rt></ruby> 昼
- <ruby>못<rt>モッ</rt></ruby> 釘
- <ruby>국<rt>クク</rt></ruby> 汁
- <ruby>책<rt>チェク</rt></ruby> 本
- <ruby>밥<rt>バブ</rt></ruby> ごはん
- <ruby>빚<rt>ビッ</rt></ruby> 借り
- <ruby>옷<rt>オッ</rt></ruby> 服
- <ruby>한국<rt>ハングク</rt></ruby> 韓国
- <ruby>악수<rt>アクス</rt></ruby> 握手
- <ruby>숟가락<rt>スッカラク</rt></ruby> スプーン

激音パッチムは ㅋ / ㅌ / ㅊ / ㅍ / ㅎ の5つがありますが、音は平音と同じ3種類しかないので、発音も平音と同じです。

_{アク} **앜** ㄱパッチムと同じ発音です。	_{アッ} **앛** ㄷパッチムと同じ発音です。
_{アッ} **앝** ㄷパッチムと同じ発音です。	_{アッ} **앗** ㄷパッチムと同じ発音です。
_{アプ} **앞** ㅂパッチムと同じ発音です。	

発音練習

- **밭** _{バッ} 畑
- **잎** _{イプ} 葉
- **몇** _{ミョッ} (「何個」というときの)何
- **솥** _{ソッ} 釜

- **밑** _{ミッ} 下
- **낯** _{ナッ} 顔、体面
- **빛** _{ビッ} 光
- **앞** _{アプ} 前
- **숲** _{スプ} 森

- **좋다** _{チョッタ} 良い
- **부엌** _{ブオク} 台所
- **히읗** _{ヒウッ} ㅎの読み方

濃音パッチムは ㄲ と ㅆ の2つだけです。それぞれ ㄱパッチム、ㅅパッチムと同じ発音です。

発音練習

- **깎다** _{ッカクタ} 刈る
- **닦다** _{タクタ} 磨く
- **있다** _{イッタ} ある、いる

- **했다** _{ヘッタ} した(「する」の過去形)

二重パッチム

二重パッチムは子音を2つ組み合わせたパッチムで、どちらか一方の音で読みます。

✓ [　]内のハングルは実際の発音です。一部の単語は「発音変化」を起こしていますが、「発音変化」については次の課で学びます。

① 左の子音を読むもの　ㄱㅅ　ㄴㅈ　ㄴㅎ　ㄹㅅ　ㄹㅌ　ㄹㅎ　ㅂㅅ

- サク
삯 [삭] 賃金
- アンッタ
앉다 [안따] 座る
- マンタ
많다 [만타] 多い
- ウェゴル
외곬 [외골] 一途
- ハルッタ
핥다 [할따] なめる
- アルタ
앓다 [알타] 患う
- オプッタ
없다 [업따] ない・いない

② 右の子音を読むもの　ㄹㄱ　ㄹㅁ　ㄹㅍ

- イクッタ
읽다 [익따] 読む
- サム
삶 [삼] 人生
- ウプッタ
읊다 [읍따] 詠む

注意　ㄹㄱパッチムを使った動詞は、ㄹㄱの次にㄱが来る場合、ㄹを発音します。

（例）　イルッコ　シボヨ
읽고 싶어요 [일꼬 시퍼요] 読みたいです

二重パッチムは母音が後ろに来るとパッチムを2つ読みつつ、連音化という現象を起こします（p.35の「連音化」を参照）。

- サム
삶 [삼] 人生　→　サルメ
삶에 [살메] 人生に
- タク
닭 [닥] ニワトリ　→　タルギ
닭이 [달기] ニワトリが

文字どおりに発音しない
組み合わせ 🎧 8

ハングルには、表記のとおりに発音しない文字の組み合わせがあります。
日本語でも、例えば「かんぱい」の「ん」が次に続く子音 'p' の影響を受けて実
際には 'kanpai' ではなく 'kampai' と 'm' の音で発音されます。韓国語でも、
合理的に音を出すために、こうした変化が起こります。

連音化

韓国語では、パッチムの次の音節に母音（ㅇ＋母音）が来ると、パッチムの
子音が次の音節に押し出されます。つまり、**음악** [으막]（音楽）、**혈액** [혀랙]
（血液）、**밥이** [바비]（ごはん＋が）のように音が連音化します。連音化は1つの
単語の中でも起こりますし、単語と単語の間でも起こります。

- **만일** [마닐] 万一
- **마늘은** [마느른] にんにく＋は（助詞）

✓ 初声のㅇは発音されないため、その前にあるㄴパッチムとㄹパッチムが母音
　のㅣ、ㅡにくっつき、니、르と発音されます。

濁音化

平音ㄱ/ㄷ/ㅂ/ㅈは、母音と母音にはさまれると、同じ文字でも「가가｜カガ」
「다다｜タダ」「바바｜パバ」「자자｜チャジャ」のように次の文字が濁音になり
ます。また、鼻音ㄴ/ㅁ/ㅇと流音ㄹパッチムの後に平音ㄱ/ㄷ/ㅂ/ㅈが続くと
濁音になります。

① 平音ㄱ/ㄷ/ㅈ/ㅂが母音と母音にはさまれる場合

- **가구** 家具
- **구두** 靴
- **나비** 蝶
- **모자** 帽子

② 鼻音・流音の後に平音ㄱ/ㄷ/ㅈ/ㅂが続く場合

- **한강** 漢江
- **감자** じゃがいも
- **선두** 先頭
- **갈비** カルビ

漢字語여권（旅券）や合成語김밥（のり巻き）など、濁音化には当てはまらない例外もあります。

ㅎの音の特別な変化

ㅎの音は他の音の影響を受けやすく、表記のとおりに発音しないケースが非常に多いので、発音する上では特に注意が必要です。

① ㅎの無音化

ㅎパッチムの次にㅇが続くと、ㅎパッチムを無視した発音になります。

- 좋아요 [조아요] いいです
- 넣어요 [너어요] 入れます

② ㅎの弱音化

パッチムㄴ/ㅁ/ㄹの次にㅎが続く場合は、ㅎの音が弱くなります。これらをㅎの弱音化といいます。ニュースでは弱音化させずにはっきりと発音します。

- 전화 [저놔] 電話
- 결혼 [겨론] 結婚
- 감히 [가미] 敢えて

③ ㅎの激音化

ㅎは平音と連続すると、平音と一体化して激音をつくります。つまり、ㄱ/ㄷ/ㅂ/ㅈがㅎと一体化してㅋ/ㅌ/ㅍ/ㅊの音をつくります。この変化はㅎが平音の先に来ても後に来ても起こります。

- 약하다 [야카다] 弱い
- 집합하다 [지파파다] 集合する
- 이렇다 [이러타] こうだ
- 잊히다 [이치다] 忘れられる（「忘れる」の受身形）

平音パッチム ㄱ/ㄷ/ㅂ/ㅈ/ㅅ に平音が続く場合、次に来る平音が濃音に変わります。

- **압박** [압빡] 圧迫 （アッパク）
- **학교** [학꾜] 学校 （ハッキョ）
- **받다** [받따] もらう （パッタ）

✓ 濃音化には他にもいくつかのケースがあります（あまり意識しなくて大丈夫です）。

ㄹ で終わる漢字語に ㄷ/ㅅ/ㅈ で始まる別の漢字語が続く場合、これらの初声は濃音化します。

- **출장** [출짱] 出張 （チュルッチャン）
- **발달** [발딸] 発達 （パルッタル）

未来を表す連体形の語尾 -ㄹ の後で濃音化します。

- **갈 거예요** [갈 꺼예요] 行きます （カル コエヨ）

〜課（-과）や〜点（-점）といった接尾辞を含む漢字語の複合語で接尾辞が濃音化します。

- **총무과** [총무꽈] 総務課 （チョンムックァ）
- **장점** [장쩜] 長所（漢長点） （チャンッチョム）

韓国古来のいくつかの語で濃音化が見られます。

- **제 거** [제 꺼] 私のもの （チェッコ）
- **용돈** [용똔] お小遣い （ヨンットン）

　鼻音化はパッチムがㅇ/ㄴ/ㅁの音に変わる発音変化です。次のパターンで起こります。

① k/t/pの音のパッチムにㅁ/ㄴが続くとき

　k/t/pの音のパッチムの次にㅁ/ㄴが続くと、パッチムがそれぞれㅇ/ㄴ/ㅁの音に変わります。

kパッチム ＋ ㅁ/ㄴ

- 작년 [장년] 去年　（チャンニョン）
- 백만 [뱅만] 100万　（ペンマン）

tパッチム ＋ ㅁ/ㄴ

- 끝나다 [끈나다] 終わる　（ックンナダ）
- 꽃무늬 [꼰무니] 花柄　（ッコンムニ）

pパッチム ＋ ㅁ/ㄴ

- 입맛 [임맛] 食欲、味　（イムマッ）
- 합니다 [함니다] （〜）します　（ハムニダ）

② ㄹの鼻音化

　ㄴとㄹ以外のパッチムの次にㄹが来るときだけㄹがㄴに変化する特殊なケースです。

- 종로 [종노] 鍾路（ソウルの地名）　（チョンノ）
- 음력 [음녁] 陰暦　（ウムニョク）
- 심리 [심니] 心理　（シムニ）

✓ 식량[싱냥]（食料）、입력[임녁]（入力）、확률[황뉼]（確率）など、ㄴとㄹ以外の子音がㄹの鼻音化を招き、鼻音化したㄴが直前の子音を鼻音化させるケースもあります。
（シンニャン・イムニョク・ファンニュル）

文字としては書かれていないのに、発音上└が追加されることがあります。

① パッチムの次に야/여/요/유/이/애/예が続くとき

● 담요 [담뇨] 毛布　　タムニョ

● 한여름 [한녀름] 真夏　　ハンニョルム

② └の追加と直前の子音の鼻音化

└が追加されることによって、直前のパッチムが鼻音化するケースもあります。

● 십육 [심뉵] 16　　シムニュク

● 속잎 [송닙] 若葉　　ソンニプ

● 꽃잎 [꼰닙] 花びら　　ッコンニプ

● 앞일 [암닐] 将来のこと　　アムニル

③ └が追加される複合語

複合語（2語以上の単語でつくる語）でも、パッチムの次に야/여/요/유/이/애/예が続くと、発音上└が追加されることがあります。

● 한 일 [한닐] したこと　　ハンニル

● 무슨 요일 [무슨뇨일] 何曜日　　ムスン ニョイル

流音化

ㄴとㄹが連続すると、ㄴがㄹ（流音）に変化します。

- **신라** [실라] 新羅　　　　● **일년** [일련] 一年
  (シルラ)　　　　　　　　　　　　（イルリョン）

口蓋音化

ㄷ/ㅌパッチムの次に이や히が続くと、それぞれ지/치（口蓋音）に変化します。

- **해돋이** [해도지] 日の出　　　● **같이** [가치] 一緒に
  (ヘドジ)　　　　　　　　　　　　（カッチ）
- **묻히다** [무치다] 埋まる
  (ムチダ)

ㅢの発音の変化

母音ㅢにはいくつかの発音があります。

① 의が語頭に来る場合は[의]と発音します。
　　　　　　　　　　　　　　　　（ウィ）

- **의사** 意思、医師、義士　＊同音異義語
  (ウィサ)

② 의が語中に来る場合と、語頭でㅇ以外の子音と共に発音される場合は
　[이]と発音します。
　（イ）

- **주의하다** [주이하다] 注意する　　　● **희다** [히다] 白い
  (チュイハダ)　　　　　　　　　　　　　（ヒダ）

③ 所有格の助詞의の場合は[에]と発音します。
　　　　　　　　　　　　　　　（エ）

- **나라의 문제** [나라에 문제] 国の問題
  (ナラエ　ムンジェ)

文法編 ❶

体 言

第 1 課～第 5 課

文法の学習をスタートしましょう。文法編❶「体言」
では、日本語の「〜です」「〜ですか」にあたる文の
つくり方を練習します。「〜」に入るものとして、「私」
「あなた」「これ」「それ」などの代名詞、数を示す
言葉、「何」「誰」などの疑問詞を学んでいきます。
たった4つの語尾ですが、これだけでいろいろなこと
が言えるようになりますよ！

韓国語を学ぶための文法用語を知っておこう

▶韓国語を学ぶうえで知っておくと便利な文法用語を覚えておきましょう。学習の効率がぐんと上がります。

基本の文法用語

| 体言 | 名詞のこと。活用のない（形が変わらない）言葉。 |

| 用言 | 動詞・形容詞・存在詞・指定詞などのこと。
活用する（形が変わる）言葉。 |

| 漢字語 | もとは漢字で表していた言葉。現在は漢字表記せずにハングル表記している。日本語の漢字と共通した漢字も多く日本語と発音が似ている語もたくさんある。
＊新聞の見出しや、名前などの固有名詞には漢字を使うこともある |

| 固有語 | 漢字を使わない言葉で、日本語における和語のような韓国語固有の言葉。 |

| 活用 | 「食べる」（基本形）→「食べたい」のように、用言の形を変えること。活用されて形が変わった用言を「活用形」という。 |

韓国語の用言は大きく4つに分けられます。文法編❷以降で活用を学ぶときに重要なポイントになるので、しっかり覚えておきましょう。

① 動詞：「動作」を表す言葉

가다 行く　　**오다** 来る

② 形容詞：「性質や状態」を表す言葉

예쁘다 美しい　　**높다** 高い

③ 存在詞：「そこにあるかどうか」を表す言葉。
　　　　　肯定形と否定形の2種類しかない

있다 ある・いる　/　**없다** ない・いない

④ 指定詞：「体言（名詞と代名詞）の後に付く」言葉。
　　　　　肯定形と否定形の2種類しかない

이다 ～だ　/　**아니다** (～では)ない

「～です」の言い方

「～です」という表現を学びます。「～ですか（疑問文）」という表現も、
あわせて覚えましょう。

🎧 9

❶ 이선민입니다.
イソンミニムニダ

イ・ソンミン｜です

▶입니다 : 이다（～だ）の丁寧な語尾합니다体（～です）

❷ 우에스기 유리입니다.
ウエスギ　　　　ユリイムニダ

ウエスギ　　　　ユリ｜です

❸ 대학생입니까?
テハクセンイムニッカ

大学生｜ですか

▶입니까 : 입니다の疑問形（～ですか）

❹ 네, 대학생입니다.
ネ　　テハクセンイムニダ

はい　　　大学生｜です

学習 ポイント	☑入니다を使った平叙文のつくり方	
	☑입니까を使った疑問文のつくり方	☑人称代名詞の使い方
	☑助詞の使い方 ☑否定文のつくり方	

대학생입니까?

❶ イ・ソンミンです。

❷ ウエスギ・ユリです。

❸ 大学生ですか。

❹ はい、大学生です。

☞新出単語

🎧10

- □ 입니다 ~です
- □ 입니까 ~ですか
- □ 대학생 大学生（漢大学生）
- □ 네 はい

☞補充単語

- □ 회사원 会社員（漢会員員）
- □ 커피 コーヒー
- □ 일본사람 日本人
- □ 한국사람 韓国人
- □ 외국사람 外国人
- □ 떡볶이 トッポギ
- □ 핫도그 ハットグ（韓国式チーズドッグ）

公式 1 体言+입니다=体言です

　韓国語の「ですます」調には、フォーマルな場や目上の人との会話で使う「<ruby>합니다<rt>ハムニダ</rt></ruby>体」と、カジュアルでありながら丁寧な「<ruby>해요<rt>ヘヨ</rt></ruby>体」（p.114参照）の2通りあります。まずは<ruby>합니다<rt>ハムニダ</rt></ruby>体の「～です」である<ruby>입니다<rt>イムニダ</rt></ruby>の使い方を覚えましょう。使い方は体言に<ruby>입니다<rt>イムニダ</rt></ruby>を付けるだけです。

<ruby>강예진<rt>カンイェジニムニダ</rt></ruby><ruby>입니다<rt></rt></ruby>. カン・イェジンです。

<ruby>사사키<rt>ササキ</rt></ruby> <ruby>다이치<rt>ダイチイムニダ</rt></ruby><ruby>입니다<rt></rt></ruby>. ササキ・ダイチです。

<ruby>화사원<rt>フェサウォニムニダ</rt></ruby><ruby>입니다<rt></rt></ruby>. 会社員です。

<ruby>학생<rt>ハクセンイムニダ</rt></ruby><ruby>입니다<rt></rt></ruby>. 学生です。

<ruby>주부<rt>チュブイムニダ</rt></ruby><ruby>입니다<rt></rt></ruby>. 主婦です。

<ruby>커피<rt>コピイムニダ</rt></ruby><ruby>입니다<rt></rt></ruby>. コーヒーです。

✓ 体言にパッチムがあってもなくても、体言のあとにそのまま<ruby>입니다<rt>イムニダ</rt></ruby>を付けるだけで「体言です」の表現になります。

✓ <ruby>입니다<rt>イムニダ</rt></ruby>は指定詞<ruby>이다<rt>イダ</rt></ruby>（～だ）を<ruby>합니다<rt>ハムニダ</rt></ruby>体に変形させたものです。<ruby>이다<rt>イダ</rt></ruby>を<ruby>입니다<rt>イムニダ</rt></ruby>（～です）のように変形させることを「活用」といいます（活用は文法編❷で学びます）。

✓ 韓国語では「句点（。）」「読点（、）」に「.」「,」を使います。読点は日本語ほどには使う場面が多くありませんので、翻訳するときは適宜補いましょう。

公式 2 体言＋입니까?＝体言ですか

　体言＋입니까? で、「体言ですか」という表現をつくります。입니까? も입니다と同じく이다を活用したものです。語尾上がり（↗）で読みます。

イルボンサラミムニッカ
일본사람입니까? 日本人ですか。

ハングクサラミムニッカ
한국사람입니까? 韓国人ですか。

ウェグクサラミムニッカ
외국사람입니까? 外国人ですか。

ツトクポッキイムニッカ
떡볶이입니까? トッポギですか。

ハットグイムニッカ
핫도그입니까? ハットグですか。

✓　日本語の「ですか」は書き言葉では「?」でなく「。」で終わることが多いですが、韓国語の입니까?には「?」を使います。

人の呼び方は場面によって使い分ける

　韓国語の人称代名詞は日本語の「私」「僕」のように丁寧さに応じて形が変わります。一人称・二人称に男女の別はありませんが、三人称では「彼（ら）」「彼女（ら）」を区別することがあります。

私・あなた・彼

一人称単数	^{チョ}**저** 私（丁寧な言い方）	^ナ**나** 私・僕（くだけた言い方）
二人称単数	^{チャネ}**자네** 君　^ノ**너** お前	^{タンシン}**당신** あなた
三人称単数	^ク**그** 彼　^{クニョ}**그녀** 彼女	

✓ ^{タンシン}**당신**は中年夫婦が使うか、心理的に距離感のある関係同士で使う呼び方なので、一般的ではありません。

私たち・あなたたち・彼ら

一人称複数	^{チョイドゥル}**저희들** / ^{チョイ}**저희** 私ども（丁寧な言い方）
	^{ウリドゥル}**우리들** / ^{ウリ}**우리** 私たち・僕たち（普通の言い方）
二人称複数	^{チャネドゥル}**자네들** 君たち
	^{ノイドゥル}**너희들** / ^{ノイ}**너희** お前たち
	^{タンシンドゥル}**당신들** あなたたち
三人称複数	^{クドゥル}**그들** 彼ら　^{クニョドゥル}**그녀들** 彼女ら

✓ 複数形を示す-들は、英語のsと同じ働きをし、人だけではなく物にも使えます。

^{ペン}**펜** ペン　^{ペンドゥル}**펜들** ペンの複数形　^{チェク}**책** 本　^{チェクドゥル}**책들** 本の複数形

✓ 저희、우리、너희はそれ自体に複数の意味があるので들を省略できます。

<ruby>우리<rt>ウリ</rt></ruby> <ruby>나라<rt>ナラ</rt></ruby> 私たちの国　　　　　<ruby>저희<rt>チョイ</rt></ruby> <ruby>회사<rt>フェサ</rt></ruby> 私たちの会社

「～さん」にあたる呼び方

名前の後ろに씨を付けると「～さん」にあたる呼び方になります。名前と씨の間は分かち書きをします。

<ruby>김수영<rt>キムスヨン</rt></ruby> <ruby>씨<rt>ッシ</rt></ruby> キム・スヨンさん　　　　<ruby>유성진<rt>ユソンジン</rt></ruby> <ruby>씨<rt>ッシ</rt></ruby> ユ・ソンジンさん

兄弟姉妹、友人や親しい間柄の先輩後輩の呼び方

親しい先輩や兄姉に対しては名前の後に「兄さん」「姉さん」にあたる言葉を付けて呼びます。呼ぶ側の性と呼ばれる側の性で4パターンに分かれます。

男性から見たときの呼び方　　<ruby>신혜<rt>シネ</rt></ruby> <ruby>누나<rt>ヌナ</rt></ruby> シネ姉さん　　<ruby>민규<rt>ミンギュ</rt></ruby> <ruby>형<rt>ヒョン</rt></ruby> ミンギュ兄さん

女性から見たときの呼び方　　<ruby>신혜<rt>シネ</rt></ruby> <ruby>언니<rt>オンニ</rt></ruby> シネ姉さん　　<ruby>민규<rt>ミンギュ</rt></ruby> <ruby>오빠<rt>オッパ</rt></ruby> ミンギュ兄さん

弟妹や親しい友人・後輩に対しては名前の後ろに야か아を付けて呼びます。「～ちゃん」のような感覚です。先輩など目上の人には使えません。

名前の最後の文字にパッチムがない場合야を付ける　　<ruby>민규야<rt>ミンギュヤ</rt></ruby> ミンギュ　　<ruby>신혜야<rt>シネヤ</rt></ruby> シネ

名前の最後の文字にパッチムがある場合아を付ける　　<ruby>상인아<rt>サンイナ</rt></ruby> サンイン　　<ruby>은진아<rt>ウンジナ</rt></ruby> ウンジン

韓国語にも助詞がある

　韓国語の助詞には2つの形を持つものがあります。体言の最後の文字にパッチムがあるかないかで使う助詞が変わります。

助詞の使い方

　日本語の「〜は」に似た助詞는 / 은と、「〜が」に似た助詞가 / 이を例にとって説明します。これらは同じ意味の助詞でも形が2通りあります。

1 体言の最後の文字にパッチムがない場合は「는」「가」をつなげる

　　チョヌン
　　저는 私は　　　　제가 私が

2 体言の最後の文字にパッチムがある場合は「은」「이」をつなげる

　　クドゥルン
　　그들은 彼らは　　그들이 彼らが

✓ 저、나、너は、次に助詞の가が続くと、文字そのものが제가（私が）、내가（僕が）、네가（お前が）と変化します。

✓ パッチムの次に母音が来ると、クドゥルウンではなくクドゥルン（그드른）と音がつながります。

助詞を入れる位置

　助詞を入れる場所や助詞を使うときの語順は日本語とほぼ同じです。

チョヌン　ハングクサラミムニダ
저는 한국사람입니다. 私／は／韓国人／です。

ソンセンニムン　イルボンサラミムニッカ
선생님은 일본사람입니까? 先生／は／日本人／ですか。

基本的な助詞の一覧

	最後の文字にパッチムがない体言	最後の文字にパッチムがある体言
が	^ガ가 ^{ミンギュガ}민규가 ミンギュが	^イ이 ^{ソンセンニミ}선생님이 先生が
は	^{ヌン}는 ^{ミンギュヌン}민규는 ミンギュは	^{ウン}은 ^{ソンセンニムン}선생님은 先生は
を	^{ルル}를 ^{ミンギュルル}민규를 ミンギュを	^{ウル}을 ^{ソンセンニムル}선생님을 先生を
と	^ワ와 ^{ミンギュワ}민규와 ^{ソンミン}선민 ミンギュとソンミン（文語的表現）	^{クワ}과 ^{ソンセンニムクァ}선생님과 ^{テハクセン}대학생 先生と大学生（文語的表現）
	^{ラン}랑 ^{ミンギュラン}민규랑 ^{ソンミン}선민 ミンギュとソンミン（口語的表現）	^{イラン}이랑 ^{ソンセンニミラン}선생님이랑 ^{テハクセン}대학생 先生と大学生（口語的表現）
	^{ハ ゴ}하고 （パッチムの有無を選ばず使える口語的表現）	
へ（方向） で（手段）	^ロ로 ^{ハッキョロ}학교로 学校に	^{ウロ}으로 ^{チプロ}집으로 家に
に（事物）	^エ에 ^{ハッキョエ}학교에 学校に ^{チベ}집에 家に	
に（人物）	^{エゲ}에게 / ^{ハンテ}한테 ^{ソンセンニメゲ}선생님에게 先生に / ^{チングハンテ}친구한테 ^{友人に}（同等か目下に使う）	
から（人物）	^{エゲソ}에게서 / ^{ハンテソ}한테서 ^{ソンセンニメゲソ}선생님에게서 先生から / ^{チングハンテソ}친구한테서 友人から	
から（事物）	^{エソ}에서 ^{ハッキョエソ}학교에서 学校から / ^{チベソ}집에서 家から	
から（時間）	^{ブト}부터 ^{ハン シプト}한 시부터 1時から	
まで	^{ッカジ}까지 ^{トゥ シッカジ}두 시까지 2時まで	
の（所有）	^エ의 ^{ソンセンニメ}선생님의 ^{チェク}책 先生の本 / ^{チョエ}저의 ^{チェク}책→^{チェ}제 ^{チェク}책 私の本（略体形を使う）	

注意 語末に ㄹ を持つ体言は 로 の前でも 으 が入りません。

^{チハチョルロ}지하철로 地下鉄で　　^{ヨンピルロ}연필로 鉛筆で　　^{カルロ}칼로 ナイフで

注意 所有を表す助詞 의（の）は「エ」と発音します。また、저、나、너 とつながる
ときにしばしば略体形となります。

^{ナエ}나의 ^{チェク}책 → ^ネ내 ^{チェク}책 僕の本　　^{ノエ}너의 ^{チェク}책 → ^{ネー}네 ^{チェク}책 君の本

1 次の下線部を韓国語にして、文を完成させましょう。

① 私です。　　　　＿＿＿＿**입니다.**

② 彼です。　　　　＿＿＿＿**입니다.**

③ 私どもの会社です。　＿＿＿＿**회사입니다.**

2 A群の名前の後ろに付ける言葉をB群から選んで、呼びかけてみましょう。

A群

① 女性から見た男性の先輩太形に対して

② 男性から見た女性の先輩民亜に対して

③ 後輩相宇に対して

④ 後輩英進に対して

⑤ 男性から見た男性の先輩民宇に対して

B群

A **형**　　＿＿＿＿＿＿

B **야**　　＿＿＿＿＿＿

C **오빠**　＿＿＿＿＿＿

D **아**　　＿＿＿＿＿＿

E **누나**　＿＿＿＿＿＿

3 日本語を参考にして＿＿＿に適切な助詞を入れましょう。

① **저**＿＿＿**나카무라입니다.**　　私は中村です。

② **우리들**＿＿＿**한국사람입니다.**　私たちは韓国人です。

③ **선생님**＿＿＿**일본사람입니까?**　先生は日本人ですか。

4 日本語を参考にして＿＿＿に適切な助詞を入れましょう。

① **제**＿＿＿**무라타입니다.**　　私が村田です。

② **우리**＿＿＿**직장인입니다.**　私たちは社会人です。

③ **동생**＿＿＿**대학생입니다.**　弟は大学生です。

1

① 저입니다.

② 그입니다.

③ 저희 회사입니다.

◆組織を表すときは一般的には저희들ではなく저희を使います。

2

① -C 태형오빠 ◆先輩を呼ぶ場合は自分の性別によって使い分けます。
　　　　　　　　　自分が女性なら「兄さん／姉さん」は「오빠/언니」。

② -E 민아누나 ◆自分が男性なら「兄さん／姉さん」は「형/누나」です。

③ -B 상우야 ◆名前の最後にパッチムがないので야を付けます。

④ -D 영진아 ◆名前の最後にパッチムがあるので아を付けます。

⑤ -A 민우형 ◆自分が男性なら형を付けます。

3

① 저는 나카무라입니다. ◆저(私)はパッチムがないので는を使います。

② 우리들은 한국사람입니다.

◆우리들(私たち)は最後の文字にパッチムがあるので은を使います。

③ 선생님은 일본사람입니까?

◆선생님(先生)は最後の文字にパッチムがあるので은を使います。

4

① 제가 무라타입니다. ◆저は助詞가の前で제に形が変わります。

② 우리는 직장인입니다.

◆우리들も可。「社会人」は직장인(漢職場人)という漢字語を使います。

③ 동생은 대학생입니다.

◆동생は語尾にパッチムがあるので은を使います。동생(弟・妹漢同生)は弟にも妹にも
使えますし、남동생(弟漢男同生)/여동생(妹漢女同生)という言い方もあります。

韓国語で使い分ける2種類の数字と、「個」「杯」やお金の単位といった数字に付く助数詞と、「いくらですか」というたずね方を学びます。

🎧 **12**

① **커피 두 잔 얼마입니까?**
コピ　　トゥ　ジャン　オルマイムニッカ

| コーヒー | 2|杯 | いくら|ですか |

▶두 잔：固有数字「2」＋助数詞「杯」　얼마：数をたずねる「いくら」

② **만이천 원입니다.**
マンニチョ　　ノニムニダ

| 1万2千 | ウォン|です |

▶만이천 원：漢数字「一万二千」＋お金の単位「ウォン」

③ **귤이 세 개 얼마입니까?**
キュリ　　セ　ゲ　　オルマイムニッカ

| みかん|が | 3|個 | いくら|ですか |

▶세 개：固有数字「3」＋助数詞「個」　얼마：数をたずねる「いくら」

④ **삼천 원입니다.**
サムチョ　　ノニムニダ

| 3千 | ウォン|です |

▶삼천：漢数字「三千」

✓ 会話では해요体の語尾を使った얼마예요?がよく使われます。해요体については第11課で学びます。
オルマエヨ

커피 두 잔 얼마입니까?

❶ コーヒー2杯いくらですか。

❷ 1万2千ウォンです。

❸ みかんが3個いくらですか。

❹ 3千ウォンです。

☞新出単語　🎧13

□ **얼마** ᵒˡᵐᵃ いくら	□ **만이천** ᵐᵃⁿⁱᶜʰᵒⁿ 1万2千（漢 万二千）
□ **원** ᵘᵒⁿ ウォン	□ **귤** ᵏʸᵘˡ みかん　□ **개** ᵏᵉ ～個（漢 個）

□ **세** ˢᵉ 3　＊助数詞の前でパッチムが取れて変化した固有数詞の3、基本形は셋

☞補充単語

□ **여동생** ʸᵒᵈᵒⁿˢᵉⁿ 妹	□ **맥주** ᵐᵉᶜʰᵘ ビール（漢 麦酒）	□ **집** ᶜʰⁱᵖ 家
□ **핸드폰** ʰᵉⁿᵈᵘᵖᵒⁿ 携帯電話	□ **전화번호** ᶜʰᵒⁿᵃᵇᵒⁿᵒ 電話番号（漢 電話番号）	

公式 5 数字には漢数字と固有数字の2種類がある

　韓国語の数字には漢字にもとづく漢数字（一、二、三…）と、漢字に関係のない固有数字（ひとつ、ふたつ、みっつ…に相当）の2種類があります。1～4と20の固有数字は、後ろに助数詞が付くと形が変わるので注意が必要です。

漢数字

0	1	2	3	4	5	6	7	8	9
ヨン 영	イル 일	イ 이	サム 삼	サ 사	オ 오	ユク 육	チル 칠	パル 팔	ク 구

10	11	12	13	14	15	16	17	18	19
シプ 십	シビル 십일	シビ 십이	シプサム 십삼	シプサ 십사	シボ 십오	シムニュク 십육	シプチル 십칠	シプパル 십팔	シプク 십구

20	30	40	50	60	70	80	90	100	1000
イシプ 이십	サムシプ 삼십	サシプ 사십	オシプ 오십	ユクシプ 육십	チルシプ 칠십	パルシプ 팔십	クシプ 구십	ペク 백	チョン 천

COLUMN

韓国マメ知識 1

注文するときに助数詞が役立つ

　固有数字に付く助数詞を覚えるのは大変ですが、買い物のときなどは品物を指しながら "하나 주세요." (1つください)のように固有数字だけで注文できます。韓国には닭한마리など大鍋で出てくる鍋料理がたくさんあるので、注文するときは必ず"삼인분 주세요." (3人前ください)などと、助数詞인분を使います。

固有数字

0	1	2	3	4	5	6	7	8	9
	ハナ 하나 ハン 한	トゥル 둘 トゥ 두	セッ 셋 セ 세	ネッ 넷 ネ 네	タソッ 다섯	ヨソッ 여섯	イルゴプ 일곱	ヨドル 여덟	アホプ 아홉

10	11	12	13	14	15	16	17	18	19
ヨル 열	ヨルハナ 열하나 ヨラン 열한	ヨルトゥル 열둘 ヨルトゥ 열두	ヨルセッ 열셋 ヨルセ 열세	ヨルネッ 열넷 ヨルネ 열네	ヨルタソッ 열다섯	ヨルヨソッ 열여섯	ヨルイルゴプ 열일곱	ヨルヨドル 열여덟	ヨルアホプ 열아홉

20	30	40	50	60	70	80	90	100	1000
スムル 스물 スム 스무	ソルン 서른	マフン 마흔	スイン 쉰	イエスン 예순	イルン 일흔	ヨドゥン 여든	アフン 아흔		

✓ 漢数字は、21なら이+십+일(이십일)、32なら삼+십+이(삼십이)のように読みます。243は이+백+사+십+삼(이백사십삼)です。

✓ 固有数字は、21なら스물하나(한)、32なら서른둘(두)のように読みます。三桁以上になると、百の位以上は漢数字で読みます。243なら이백 마흔셋(세)です。

✓ 0を示す漢字語には영のほかに공(空)もあり、電話番号を読むときなどに使われます。

公式 6

漢数字と固有数字を使い分ける

　助数詞によって漢数字と固有数字を使い分けます。数字と助数詞の間は分かち書きをします。固有数字の하나、둘、셋、넷は助数詞の前で形が変わる（한、두、세、네）ことに注意しましょう。また、数字と助数詞が組み合わさった際に発音変化が起こることも多いので要注意です。

漢数字に付く助数詞

<ruby>월<rt>ウォル</rt></ruby>	月（漢月）	<ruby>일<rt>イ</rt></ruby> <ruby>월<rt>ルォル</rt></ruby>	1月
<ruby>일<rt>イル</rt></ruby>	日（漢日）	<ruby>이<rt>イ</rt></ruby> <ruby>일<rt>イル</rt></ruby>	2日
<ruby>년<rt>ニョン</rt></ruby>	年（漢年）	<ruby>삼<rt>サム</rt></ruby> <ruby>년<rt>ニョン</rt></ruby>	3年
<ruby>분<rt>プン</rt></ruby>	分（漢分）	<ruby>사<rt>サ</rt></ruby> <ruby>분<rt>プン</rt></ruby>	4分
<ruby>초<rt>チョ</rt></ruby>	秒（漢秒）	<ruby>오<rt>オ</rt></ruby> <ruby>초<rt>チョ</rt></ruby>	5秒
<ruby>원<rt>ウォン</rt></ruby>	ウォン	<ruby>육<rt>ユ</rt></ruby> <ruby>원<rt>グォン</rt></ruby>	6ウォン
<ruby>호선<rt>ホソン</rt></ruby>	号線（漢号線）	<ruby>칠<rt>チ</rt></ruby> <ruby>호선<rt>ロソン</rt></ruby>	7号線
<ruby>인분<rt>インブン</rt></ruby>	人分（漢人分）	<ruby>팔<rt>パ</rt></ruby> <ruby>인분<rt>リンブン</rt></ruby>	8人分

固有数字に付く助数詞

개 _ケ	個（漢個）	한 개 _{ハン ゲ}	1個
시 _シ	時（漢時）	두 시 _{トゥ シ}	2時
시간 _{シガン}	時間（漢時）	세 시간 _{セ シガン}	3時間
사람 _{サラム}	人	네 사람 _{ネ サラム}	4人
명 _{ミョン}	人、名（漢名）	다섯 명 _{タソッ ミョン}	5人、5名
살 _{サル}	才	여섯 살 _{ヨソッ サル}	6才
번 _{ポン}	回、番（漢番）	일곱 번 _{イルゴプ ポン}	7回、7番
잔 _{チャン}	杯（漢盃）	여덟 잔 _{ヨドル チャン}	8杯
권 _{クォン}	冊、巻（漢巻）	아홉 권 _{アホプ クォン}	9冊
장 _{チャン}	枚（漢張）	열 장 _{ヨル チャン}	10枚（紙）
병 _{ビョン}	本（漢瓶）	한 병 _{ハン ビョン}	1本
번째 _{ポンッチェ}	回目、番目	두 번째 _{トゥ ポンッチェ}	2回目、2番目
마리 _{マリ}	匹	세 마리 _{セ マリ}	3匹
대 _テ	台（漢台）	네 대 _{ネ デ}	4台
접시 _{チョプシ}	皿	다섯 접시 _{タソッ チョプシ}	5皿
그릇 _{クルッ}	膳	여섯 그릇 _{ヨソッ クルッ}	6膳

✓ 번째（回目）は「1回目」のときのみ일ではなく첫を使います。첫 번째（1回目）
✓ 월（月）は分かち書きをしません（일월、이월、삼월…）。

1 日本語を参考にして____に適切な固有数字を入れましょう。

① 우리 여동생은_____살입니다.

私の妹は3歳です。

② 서울까지_____시간입니다.

ソウルまで1時間です。

③ 맥주가_____병 있습니다.

ビールが5本あります。

④ 집에 차가_____대 있습니다.

家に車が2台あります。

2 日本語を参考にして____に適切な漢数字を入れましょう。

① 제 핸드폰번호는_____입니다.

私の携帯電話番号は00045266655です。

② 선생님 전화번호는_____입니다.

先生の電話番号は00085859786です。

3 日本語を参考にして____に適切な漢数字を入れましょう。

① _____입니까?

いくらですか。

② _____입니다.

1万ウォンです。

1

① 우리 여동생은 <u>세</u> 살입니다.

◆1から4までの固有数字は次に助数詞が付くと形が変わります。셋→세

② 서울까지 <u>한</u> 시간입니다.

◆하나→한

③ 맥주가 <u>다섯</u> 병 있습니다.

◆다섯(5)はそのまま使えます。

④ 집에 차가 <u>두</u> 대 있습니다.

◆둘(2)はパッチムが取れます。둘→두

2

① 제 핸드폰번호는 <u>공공공의 사오이육의 육육오오</u>입니다.

◆電話をするときの0は공(コン)か제로(ジェロ)を使います。

② 선생님 전화번호는 <u>공공공의 팔오팔오의 구칠팔육</u>입니다.

◆数字を発音するときも音が連音化するので注意しましょう。

3

① 얼마입니까?

◆日常会話では얼마예요?(オルマエヨ)のようにカジュアルな丁寧語해요体の語尾を使うことが多いです。

② 만 원입니다.

◆数字を発音するときも音が連音化するので注意しましょう。

第2課で覚えた数字を使って月日と時間の表し方を学びます。曜日の表し方と、「いつですか」「何時ですか」「何曜日ですか」というたずね方も覚えましょう。

🎧15

❶ 준희 씨 생일이 언제입니까?
チュニ ッシ センイリ オンジェイムニッカ

| チュニ | さんの | 誕生日 | が | いつ | ですか |

▶언제：日にちをたずねる「いつ」

❷ 시월 십일입니다.
シウォル シビリムニダ

| 10月 | 10 | 日 | です |

❸ 지금 몇 시입니까?
チグム ミョッ シイムニッカ？

| 今 | 何 | 時 | ですか |

▶몇 시：時間をたずねる「何時」

❹ 지금 열두 시 반입니다.
チグム ヨルトゥ シ パニムニダ

| 今 | 12 | 時 | 半 | です |

❺ 오늘은 무슨 요일입니까?
オヌルン ムスン ニョイリムニッカ

| 今日 | は | 何 | 曜日 | ですか |

▶무슨 요일：「何曜日」

❻ 수요일입니다.
スヨイリムニダ

| 水曜日 | です |

62

学習ポイント	☑ 年月日の表し方　☑ 時間の表し方 ☑ 曜日の表し方 ☑ 「いつ」「何時」「何曜日」のたずね方

준희 씨 생일이 언제입니까?

① チュニさんの誕生日が（は）いつですか。

② 10月10日です。

③ 今、何時ですか。

④ 今12時半です。

⑤ 今日は何曜日ですか。

⑥ 水曜日です。

第3課

☞新出単語　🎧16

□ **생일** <small>センイル</small> 誕生日（漢生日）	□ **언제** <small>オンジェ</small> いつ	□ **월** <small>ウォル</small> ～月（漢月）
□ **일** <small>イル</small> ～日（漢日）	□ **지금** <small>チグム</small> 今	□ **몇 시** <small>ミョッ シ</small> 何時	□ **반** <small>パン</small> 半（漢半）
□ **오늘** <small>オヌル</small> 今日	□ **무슨 요일** <small>ムスン ニョイル</small> 何曜日（漢-曜日）	□ **수요일** <small>スヨイル</small> 水曜日（漢水曜日）

☞補充単語

□ **시험** <small>シホム</small> 試験（漢試験）	□ **부터** <small>プト</small> ～から（主に時間を表す）
□ **까지** <small>ッカジ</small> ～まで（時間と場所のどちらにも使える）	

63

「年月日」には漢数字を使う

年月日には漢数字が使われます。「6月」と「10月」で漢数字が形も発音も変化するので気をつけましょう。

月

6月と10月のみ漢数字の基本形が変わります。

1月	2月	3月	4月
イルォル **일월**	イウォル **이월**	サムォル **삼월**	サウォル **사월**

5月	6月	7月	8月
オウォル **오월**	ユウォル **유월**	チルォル **칠월**	パルォル **팔월**

9月	10月	11月	12月
クウォル **구월**	シウォル **시월**	シビルォル **십일월**	シビウォル **십이월**

年

韓国では年号は西暦で表します

チョンクベックシビ ニョン
천구백구십이 년 1992年

イチョンシムニュン ニョン
이천십육 년 2016年

公式 8 「時」には固有数字を使い、「分」には漢数字を使う

　時間は固有数字と漢数字の両方を使います。時間の単位は固有数詞を使い、分の単位は漢数字を使います。通常、時間の表記はアラビア数字です。

ハン　シ　シップ　ブン
한 시 십 분
1時10分

トゥ　シ　イシッ　ブン
두 시 이십 분
2時20分

セ　シ　バン
세 시 반
3時半

ネ　シ　サシッ　ブン
네 시 사십 분
4時40分

ヨラン　シ
열한 시
11時

ヨルトゥ　シ
열두 시
12時

公式 9 언제と몇で「時」をたずねる

　「いつ」をたずねるときは언제(オンジェ)を使います。年月日や時間を具体的にたずねるときは「몇(ミョッ)+助数詞」を使います。

いつ

シホミ　　　　　オンジェイムニッカ
시험이 언제 입니까?　試験が(は)いつですか。

クウォル　シボイリムニダ
구월 십오일입니다.　9月15日です。

COLUMN

韓国マメ知識 2

韓国の四大祝日

　설날(ソルラル)（旧暦の1月1日のお正月）、한식(ハンシク)（寒食節：冬至から105日後に冷たいものを食べる日で、中国発祥の名節）、단오(タノ)（端午の節句）、추석(チュソク)（お盆：旧暦の8月15日）は韓国の四大名節と呼ばれるもので、朝鮮時代から続いています。

オヌルン　ミョドル　ミョッチリムニッカ
오늘은 몇 월 며칠입니까? 今日は何月何日ですか。

ユウォル　チリリムニダ
유월 칠일입니다. 6月7日です。

✓ 「何日」の表記は元々몇일でしたが、時の流れとともに発音どおりの며칠と
書くようになりました。

✓ 몇は、몇 개입니까?（何個ですか）や몇 장입니까?（何枚ですか）と、数を数え
る単位に付けて数量をたずねるときにも使われます。

チグム　ミョッ　シイムニッカ
지금 몇 시입니까? 今、何時ですか。

ハン　シイムニダ
한 시입니다. 1時です。

ミョッシ　ミョップニムニッカ
몇 시 몇 분입니까? 何時何分ですか。

イルゴプッシ　サムシップニムニダ
일곱 시 삼십 분입니다. 7時30分です。

✓ 韓国では「17時」「18時」などの表現は日常ではあまり使わず、아침 ～시
（朝～時）、오전 ～시（午前～時）、오후 ～시（午後～時）、저녁 ～시（夕方～時）
という表現を使います。

무슨 요일で「何曜日」

曜日をたずねるときは 몇（ミョッ）ではなく 무슨（ムスン）を使います。무슨（ムスン）は「何の〜」にあたる言葉です。무슨（ムスン） 요일（ニョイル）は発音変化に注意しましょう。各曜日は漢字語で、日本語とまったく同じ漢字にもとづきます。

● **월요일**（ウォリョイル） 月曜日	● **화요일**（ファヨイル） 火曜日	● **수요일**（スヨイル） 水曜日
● **목요일**（モギョイル） 木曜日	● **금요일**（クミョイル） 金曜日	● **토요일**（トヨイル） 土曜日
● **일요일**（イリョイル） 日曜日		

오늘은 무슨 요일입니까?（オヌルン ムスン ニョイリムニッカ） 今日は何曜日ですか。

오늘은 수요일입니다.（オヌルン スヨイリムニダ） 今日は水曜日です。

구 월 십 일은 무슨 요일입니까?（クウォル シビルン ムスン ニョイリムニッカ） 9月10日は何曜日ですか。

토요일입니다.（トヨイリムニダ） 土曜日です。

✓ ㄴとㅇがつながることで発音変化が起きます。

COLUMN

韓国マメ知識 3

ミレニアル世代

　2007年の韓国の金融危機に社会人になった1980年〜2000年初めに生まれた世代は 밀레니얼 세대（ミルレニオル セデ）（ミレニアル世代）と呼ばれ、モバイル機器に強いのが特徴です。また、1995年以降に生まれた世代はZ世代（Z世代）で、彼らはデジタルネイティブといわれています。

67

1 日本語を参考にして次の年月日を埋めましょう。

① 어머니 생일은＿＿＿＿＿＿＿＿입니다.

お母さんの誕生日は10月25日です。

② 동주 씨는＿＿＿＿＿＿생입니다.

トンジュさんは98年生まれです。

③ ＿＿＿＿＿＿생입니까?

2007年生まれですか。

2 日本語を参考にして次の時間を埋めましょう。

① 지금＿＿＿＿＿＿시＿＿＿＿＿＿분입니다.

今、9時30分です。

② ＿＿＿＿＿＿시＿＿＿＿＿＿부터입니다

1時半からです。

③ ＿＿＿＿＿＿시＿＿＿＿＿＿분까지입니다.

8時45分までです。

3 日本語を参考にして次の曜日を埋めましょう。

① 팔월 이십일은＿＿＿＿＿＿입니다.

8月20日は土曜日です。

② ＿＿＿＿＿＿부터＿＿＿＿＿＿까지입니다.

火曜日から日曜日までです。

1

① 어머니 생일은 <u>시월 이십 오 일</u>입니다.

◆6月と10月は漢数字の形が変わります。생일이 언제입니까?（誕生日はいつですか）のように、質問するときは이/가（が）の助詞を使い、答えるときには은/는（は）を使います。答えるときの助詞은/는（は）には強調の意味があります。

② 동주 씨는 <u>구십 팔 년</u>생입니다.

◆韓国では数え年を使うので몇 살입니까?（何歳ですか）よりも몇 년생입니까?（何年生まれですか）とたずねられることが多いです。答える場合は西暦の下二桁を答えます。

③ <u>이천 칠 년</u>생입니까?

◆実際に表記するときはアラビア数字を使います。

2

① 지금 <u>아홉</u> 시 <u>삼십</u> 분입니다.

◆時間を表す場合、時の前は固有数字で、分の前は漢数字を使います。また30分を반（半 ⓐ半）と言い表すこともできます。

② <u>한</u> 시 <u>반</u>부터입니다.

◆30分は日本語と同じ漢字を使った반（半）も使えます。

③ <u>여덟</u> 시 <u>사십 오</u> 분까지입니다.

◆여덟はパッチムのㄹだけを発音します。

3

① 팔월 이십일은 <u>토요일</u>입니다.

◆韓国語で1週間のことを일주일（ⓐ一週日）といいます。

② <u>화요일</u>부터 <u>일요일</u>까지입니다.

◆日本語の「日曜日」は「日」を「にち」と読んだり、「び」と読みますが、韓国語では일（イル）と1つの読み方しかありません。

「ここ・そこ」「どこ」「前・後ろ」などの場所を示す言葉と「ある・ない」を
表す存在詞を学びます。

🎧18

① サジョニ　オディエ　イッスムニッカ
사전이 어디에 있습니까?

　辞書｜が　　どこ｜に　　　あり｜ますか

▶어디：場所の疑問詞「どこ」　있습니까：存在詞있다の합니다体の疑問形

---

② ヨギエ　イッスムニダ
여기에 있습니다.

　ここ｜に　　　あり｜ます

▶여기：場所を示す代名詞「ここ」　있습니다：存在詞있다の합니다体

---

③ チェクサン　ウィエ　シゲガ　オプスムニッカ
책상 위에 시계가 없습니까?

　机の　　上｜に　　時計｜が　　あり｜ませんか

▶위：位置を示す体言「上」　없습니까：存在詞없다の합니다体の疑問形

---

④ ネ　オプスムニダ
네, 없습니다.

　はい　　あり｜ません

▶없습니다：存在詞없다の합니다体

学習ポイント

☑ 場所を表す指示代名詞　☑ 場所をたずねる疑問詞
☑ 方角の示し方　☑ 存在詞

사전이 어디에 있습니까?

1️⃣ 辞書がどこにありますか。

2️⃣ ここにあります。

3️⃣ 机の上に時計がありませんか。

4️⃣ はい、ありません。

第4課

☞新出単語　🎧19

- □ **사전** (サジョン) 辞書（漢辞典）
- □ **어디** (オディ) どこ
- □ **여기** (ヨギ) ここ
- □ **있다** (イッタ) ある
- □ **책상** (チェクサン) 机（漢冊床）
- □ **위** (ウィ) 上
- □ **시계** (シゲ) 時計（漢時計）
- □ **없다** (オプッタ) ない

☞補充単語

- □ **역** (ヨク) 駅（漢駅）
- □ **돈** (トン) お金
- □ **문** (ムン) ドア、門
- □ **내일** (ネイル) 明日
- □ **가방** (カバン) かばん
- □ **편의점** (ピョニジョム) コンビニ（漢便宜店）
- □ **백화점** (ペックヮジョム) デパート（漢百貨店）

71

公式 11 特定の場所を示す言葉は 体言につなぐ

おおまかな方向を指す指示代名詞は、全部で3つあります。日本語と同じなので覚えやすいです。

- **여기** ヨギ ここ
- **거기** コギ そこ
- **저기** チョギ あそこ

「家の前」「机の上」のように、特定の場所を表す言葉は必ず体言の後につなぎます。この場合、「の」にあたる의は通常省略します。

- **위** ウィ 上
- **밑/아래** ミッ アレ 下
- **옆** ヨプ 横、隣
- **앞** アプ 前
- **뒤** トゥイ 後ろ
- **안/속** アン ソク 中
- **밖** バク 外
- **오른쪽** オルンチョク 右側
- **왼쪽** ウェンチョク 左側
- **동쪽** トンッチョク 東側（漢東-）
- **서쪽** ソッチョク 西側（漢西-）
- **남쪽** ナムッチョク 南側（漢南-）
- **북쪽** プッチョク 北側（漢北-）

チプ ヨピムニダ
집 옆입니다. 家の隣です。

チェクサン ミチムニダ
책상 밑입니다. 机の下です。

ヨク ナムチョギムニダ
역 남쪽입니다. 駅の南側です。

COLUMN

韓国マメ知識 4

店員さんには「ここです」

食堂などで店員さんを呼ぶときは「すみません」ではなく、**"여기요."** ヨギヨ（ここです）を使います。短くて覚えやすいですね。

公式 12 **어디は方向や場所をたずねる**

어디は場所をたずねるときに使う疑問詞で、「どこ」という意味です。입니까 を付ければ「どこですか」という表現になります。

チビ　　　オディイムニッカ
집이 어디입니까? 　家が(は)どこですか。

不特定な方向や場所をたずねる疑問詞

方向と場所をたずねる言葉には、他に次のものがあります。

> オヌ ッチョク
> ● **어느 쪽** 　どちら側（어느が「どの」で、쪽が「側」という意味）。

ヨグン　　オヌ　　ッチョ ギムニッカ
역은 어느 쪽입니까? 　駅はどちら側ですか。

公式 13 **있다/없다は「ある／ない」 「いる／いない」を表す**

4つの基本用言の1つである存在詞있다/없다は、物や事象の「ある/ない」、 生き物の「いる/いない」を表します。합니다体はそれぞれ있습니다と없습니다 で、합니다体の疑問形は있습니까? と없습니까? です。

物の「ある/ない」

トニ　　オプスムニダ
돈이 없습니다. 　お金がありません。

生き物の「いる/いない」

ムン アペ　サラミ　　イッスムニダ
문 앞에 사람이 있습니다. 　ドアの前に人がいます。

時間の「ある/ない」

ネイル　シガニ　　オプスムニッカ
내일 시간이 없습니까? 　明日、時間がありませんか。

1 日本語を参考にして＿＿＿＿に「場所の言葉」を入れましょう。

① ＿＿＿＿＿에 백화점이 있습니까? どこにデパートがありますか。

② ＿＿＿＿＿에 있습니다. あそこにあります。

③ 역＿＿＿＿에 있습니다. 駅前にあります。

④ 가방＿＿＿＿에 공책이 있습니다. かばんの中にノートがあります。

⑤ ＿＿＿＿＿에 경찰소가 있습니다. 右側に警察署があります。

⑥ 집＿＿＿＿에 공원이 있습니다. 家の後ろに公園があります。

2 日本語を参考にして＿＿＿＿に適切な「存在詞」を入れましょう。

① 집에 고양이가 두 마리＿＿＿＿＿＿＿＿＿＿.

家に猫が2匹います。

② 집 앞에 편의점이＿＿＿＿＿＿＿＿＿.

家の前にコンビニがありません。

③ 교실 안에 학생이＿＿＿＿＿＿＿＿＿.

教室の中に学生がいません。

④ 역 앞에 백화점이＿＿＿＿＿＿＿＿＿.

駅前にデパートがあります。

⑤ 오후에는 시간이＿＿＿＿＿＿＿＿＿.

午後には時間がありません。

1

① 어디에 백화점이 있습니까?

◆「どこに」は어디を使います。

② 저기에 있습니다.

◆「あそこ」は저기です。

③ 역 앞에 있습니다.

◆「〜の前」は앞で表します。

④ 가방 안에 공책이 있습니다.

◆「〜の中」は안で表します。

⑤ 오른쪽에 경찰소가 있습니다.

◆「右側」は오른쪽を使います。

⑥ 집 뒤에 공원이 있습니다.

◆「後ろ」は뒤です。

2

① 집에 고양이가 두 마리 있습니다.

◆「いる」は存在詞있다を使います。

② 집 앞에 편의점이 없습니다.

◆存在詞있다（ある）の否定形は없다（ありません）を使います。

③ 교실 안에 학생이 없습니다.

◆存在詞있다の否定形は없습（いません）です。

④ 역 앞에 백화점이 있습니다.

◆「あります」は있습니다です。

⑤ 오후에는 시간이 없습니다.

◆「ありません」は없습니다です。

第4課

対象を示す「こ・そ・あ・ど」にあたる言葉と、「何」「誰」にあたる疑問詞を学びます。

🎧 21

❶ 이게 무엇입니까?

イゲ ムォッシムニカ

これが 何｜ですか

▶이게：**이것이**（これが）の省略形　무엇：疑問詞「何」

---

❷ 그것은 시계입니다.

クゴスン シゲイムニダ

それ｜は 時計｜です

▶그것：「それ」

---

❸ 저 사람이 누구입니까?

チョ サラミ ヌグイムニッカ

あの 人｜が 誰｜ですか

▶저：「あの」　누구：人の疑問詞「誰」

---

❹ 저 사람은 제 여동생입니다.

チョ サラムン チェ ヨドンセンイムニダ

あの 人｜は 私の 妹｜です

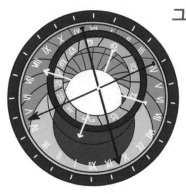

그것은 시계입니다.

❶ これが（は）何ですか。

❷ それは時計です。

❸ あの人が（は）誰ですか。

❹ あの人は私の妹です。

☞ 新出単語 🎧 22

□ **이게** ^{イゲ} これ　*이것이 ^{イゴシ}（これが）の縮約形

□ **그것** ^{クゴッ} それ

□ **저** ^{チョ} あの

□ **누구** ^{ヌグ} 誰

□ **여동생** ^{ヨドンセン} 妹

☞ 補充単語

□ **동료** ^{トンニョ} 同僚（漢同僚）

□ **공책** ^{コンチェク} ノート（漢空冊）

□ **노트북** ^{ノトゥブク} ノートパソコン

第5課

77

公式 14 「この」「その」「あの」「どの」の後には必ず体言が続く

　「この」「その」「あの」「どの」にあたる言葉は이、그、저、어느です。これらは体言と一緒に使うことで、「この〜」「その〜」「あの〜」「どの〜」という表現をつくります。

이（この）、그（その）、저（あの）＋体言　特定できる物や人を指すときに使う

イ　チェギ　オルマイムニッカ
이 책이 얼마입니까? この本が（は）いくらですか。

ク　サラムン　フェサ　トンニョイムニダ
그 사람은 회사 동료입니다. その人は会社の同僚です。

어느（どの）＋体言　特定できる物や人を指すときに使う

オヌ　チェギ　マヌウォニムニッカ
어느 책이 만 원입니까? どの本が1万ウォンですか。

「どれ」を表す指示代名詞

オヌ　ゴシ　マヌオニムニッカ
어느 것이 만 원입니까? どれが1万ウォンですか。

✓ 이것、그것、저것はそれぞれ1単語ですが、어느 것は分かち書きをします。

COLUMN

韓国マメ知識 5

どちら様ですか

　電話等で「どちら様ですか」とたずねたいときは最もフォーマルな **オディシムニッカ** "어디십니까?"（どちらさまですか（直訳すると、どこでございますか））という言い方と、**ヌグセヨ** "누구세요?"（どなたですか）というカジュアルな言い方があります。

公式 15 「この＋もの（이＋것）」が「これ（이것）」になる

이、그、저、어느に体言것（もの）を付けると、「これ」「それ」「あれ」「どれ」を意味する指示代名詞になります。

「これ」「それ」「あれ」を表す指示代名詞

イゴスン チェギムニダ
이것은 책입니다. これは本です。

クゴスン コンチェギムニダ
그것은 공책입니다. それはノートです。

✓ 会話では이것、그것、저것の形が変わることがよくあります。話し言葉ではよく出てくる言い方なので覚えておきましょう。

①ㅅの省略	이것 → 이거 イゴ	그것 → 그거 クゴ	저것 → 저거 チョゴ
②助詞との一体化	이것이 → 이게 イゲ これが	이것은 → 이건 イゴン これは	
	그것이 → 그게 クゲ それが	그것은 → 그건 クゴン それは	
	저것이 → 저게 チョゲ あれが	저것은 → 저건 チョゴン あれは	

公式 16 무엇は「何」を、누구は「誰」をたずねる

「何」にあたる疑問詞は무엇で、「誰」にあたる疑問詞は누구です。これらも입니까?を付けるだけで「何ですか」「誰ですか」を意味することができます。

クゴッシ ムオッシムニッカ
그것이 무엇입니까? それが（は）何ですか。

✓ 무엇は会話で뭐という形に縮まることがよくあります。パッチムがなくなることで、使う助詞も変わります。

ムオシ イッスムニッカ   ムオガ イッスムニッカ
무엇이 있습니까? → **뭐가 있습니까?** 何がありますか。

チョ サラミ ヌグイムニッカ
저 사람이 누구입니까? あの人が（は）誰ですか。

⏱ かんたん10分エクササイズ

1 日本語を参考にして_____に適切な「指示語」を入れましょう。

① _____ 이 얼마입니까?　　　これがいくらですか。

② _____ 가방이 누구 것입니까?　　そのカバンが(は)誰のものですか。

③ _____ 이 서울터워입니다.　　あれがソウルタワーです。

④ _____ 이 무엇입니까?　　これが何ですか。

2 日本語を参考にして_____に適切な「疑問詞」を入れましょう。

① 이름이_____입니까?　　　名前が何ですか。

② 회사 앞에_____이 있습니까?　会社の前に何がありますか。

③ _____ 가 있습니까?　　　何がありますか。

3 日本語を参考にして_____に適切な「指示代名詞」を入れましょう。

① _____ 이 영인 씨 노트북입이까?

どれがヨンミンさんのノートパソコンですか。

② _____ 이 영인 씨 거 아닙니까?

これがヨンミンさんのものではありませんか。

1

① 이것이 얼마입니까?

◆買い物などでよく使うフレーズなので覚えておきましょう。日常会話では、**이거 얼마예요?**（これいくらですか）と、カジュアルな「ですます体」の**해요体**と省略形の**이거**を使うことが多いです。

② 그 가방이 누구 것입니까?

◆事物指示代名詞の次には必ず名詞をつなげます。

③ 저것이 서울터워입니다.

◆AさんとBさんが同じ場所から1メートルくらいの距離にある物を指す場合も「あれ」を使います。

④ 이것이 무엇입니까?

◆日常の買い物のときなどは"**이게 뭐예요?**（イゲ　ムォエヨ）"のように縮約された言い方をします。

2

① 이름이 무엇입니까?

◆**무엇입니까?**（何ですか）のフレーズはそのまま暗記しましょう。해요体は**뭐예요?**

② 회사 앞에 무엇이 있습니까?

◆③のように縮約形を使っても構いません。

③ 뭐가 있습니까?

◆**무엇이**（何が）の縮約形です。

3

① 어느 것이 영인 씨 노트북입이까?

◆直訳すると「どのもの」という意味です。「ノートパソコン」は「ノートブック」という外来語で表現します。

② 이것이 영인 씨 거 아닙니까?

◆**저**（私）などの人称代名詞や、**선생님**（先生）・人名などの呼称の次に**것**をつなげると「（誰々）のもの」という意味になります。会話では**것**のパッチムを省略して**거**を使うことが多いので覚えておきましょう。

1 次の単語を日本語訳にあわせて変えてみましょう。

① 이다

    A: 중국사람입니까?　　　　　　　　中国人ですか。

    B: 아니요. 한국사람＿＿＿＿＿＿＿.　いいえ。韓国人です。

② 있다/없다

    A: 시간이＿＿＿＿＿＿＿?　　　　時間がありますか。

    B: 아니요. 시간이＿＿＿＿＿＿＿.　いいえ。時間がありません。

2 日本語訳を見ながら＿＿に適切な言葉を入れましょう。

① A: 저＿＿＿＿ 야수다 유카입니다.　私はヤスダ・ユカです。

    B: 우리들＿＿＿＿ 일본사람입니다.　私たちは日本人です。

② A: 제욱 씨는 한국사람입니까?　チェウクさんは韓国人ですか。

    B: 네, ＿＿＿는 한국사람입니다.　はい、私は韓国人です。

3 日本語訳を見ながら＿＿に適切な言葉を入れましょう。

① A: 지금 몇 시입니까?　　　　　　今、何時ですか。

    B: 지금＿＿＿＿＿＿＿＿입니다.　今、5時40分です。

② A: 십구 일은＿＿＿＿＿＿입니까?　19日は何曜日ですか。

    B: 십구 일은＿＿＿＿＿＿입니다.　19日は月曜日です。

4 日本語訳を見ながら＿＿に適切な言葉を入れましょう。

① A: 회사가＿＿＿＿＿에 있습니까?　会社がどこにありますか。

　　B: 삼성동역＿＿＿＿＿에 있습니다.　三成洞駅の前にあります。

② A: 방 안에 지태 씨가＿＿＿＿＿＿?　部屋の中にジテさんがいますか。

　　B: 아니요. 없습니다.　いいえ。いません。

5 日本語訳を見ながら＿＿に適切な言葉を入れましょう。

① A: 이것이 무엇입니까?　これが何ですか。

　　B:＿＿＿＿＿스마트폰입니다.　それはスマホです。

② A:＿＿＿＿＿바지가 얼마입니까?　あのズボンがいくらですか。

　　B: 이만 원입니다.　2万ウォンです。

③ A:＿＿＿＿＿은 누구입니까?　あの人は誰ですか。

　　B: 이 교수님입니다.　李教授です。

1 ① A: 중국 사람입니까?

B: 아니요. 한국 사람입니다.

② A: 시간이 있습니까?

B: 아니요. 시간이 없습니다.

◆存在詞있다/없다「ある／ない」「いる／いない」は対で覚えましょう。

2 ① A: 저는 야수다 유카입니다.

B: 우리들은 일본 사람입니다.

◆韓国語には2種類の形を持つ助詞があります。은/는は同じ意味の助詞ですが、名詞の最後の文字にパッチムがあるかどうかで、選ぶ形が変わります。

② A: 제욱 씨는 한국 사람입니까?

B: 네, 저는 한국 사람입니다.

3 ① A: 지금 몇 시입니까?

B: 지금 다섯 시 사십 분입니다.

② A: 십구 일은 무슨 요일입니까?

B: 십구 일은 월요일입니다.

4 ① A: 회사가 어디에 있습니까?

B: 삼성동역 앞에 있습니다.

② A: 방 안에 지태 씨가 있습니까?

B: 아니요. 없습니다.

5 ① A: 이것이 무엇입니까?

B: 그것은 스마트폰입니다. ◆「これ」に対する答えは「それ」を用います。

② A: 저 바지가 얼마입니까?

B: 이만 원입니다.

③ A: 저 사람은 누구입니까?

B: 이 교수님입니다.

文法編 ❷

活 用

第 6 課～第 15 課

韓国語でよく耳にする "맛있어요"（おいしいです）という言葉。これは、辞書形の맛있다（おいしい）を話し言葉に変えたものです。辞書形の맛있다を話し言葉の맛있어요という形に変えることを、用言の「活用」といいます。

日本語の「おいしい」が「おいしいです」「おいしければ」「おいしくない」などと変化するように、韓国語にもいろいろな変化＝活用があります。

ですが、活用の基本となるパターンはたったの3パターン。文法編❷ではこの3パターンをベースに活用の仕方を学びます。

活用を学ぶために
用言のしくみを知ろう

▶ 韓国語では、用言を基本形で使う場面は限定され、ほとんどの場面で活用して使います。活用の仕方を学ぶために、まずは用言のしくみを押さえておきましょう。

用言のしくみ

用言の基本形（辞書形）はすべて다という語尾で終わります（この다を終結語尾といいます）。다より前の部分を語幹、다の直前（語幹の最後）の文字を語幹末と呼びます。

語幹
나가다 出る
語幹末

語幹
먹다 食べる
語幹と語幹末の区別がない

活用の3パターン

用言を活用するときは語尾の다を取って、語幹末の後ろにさまざまな意味を表す他の語を付けます。韓国語では、用言の後ろに付く言葉をすべて「語尾」として扱います。これらの語尾用言の語幹末が変化します。語尾の数はたくさんありますが、活用するときの用言の変化は基本的に3パターンしかありません。

活用のパターン	用言の基本形	語幹末	語幹末	
活用 **1**	ボダ **보다**	語幹末にパッチムなし	ボ **보**	変化なし
	モクタ **먹다**	語幹末にパッチムあり	モク **먹**	変化なし
活用 **2**	ボダ **보다**	語幹末にパッチムなし	ボ **보**	変化なし
	モクタ **먹다**	語幹末にパッチムあり	モグ **먹으**	으が付く
活用 **3**	ボダ **보다**	語幹末の母音が陽母音	ボア **보아**	아が付く
	モクタ **먹다**	語幹末の母音が陰母音	モゴ **먹어**	어が付く

ではここで、文法編❶で学んだ**입니다**と**있습니다**の文法的なしくみを見てみましょう。それぞれ「です」「あります」と覚えましたが、これらは**이다**と**있다**を活用したものです。

이다 ≫ 活用! ≫ 입니다
있다 ≫ 活用! ≫ 있습니다

　後ろに付いているのは**합니다**体をつくる**-ㅂ니다 / -습니다**という語尾です。この語尾には「用言を丁寧な口調にする」という働きがあります。これは語尾自体が2種類ある語尾で、語幹末にパッチムがなければ**-ㅂ니다**が、パッチムがあれば**-습니다**が付きます。この語尾は、用言に活用**1**で付ける語尾です。

이다 → 이다̸ + -ㅂ니다 → 입니다
있다 → 있다̸ + -습니다 → 있습니다

　活用**1**なので、다を取ったところに直接つなげます。そもそも**합니다**という言葉自体、動詞**하다**（する）に**-ㅂ니다**を付けて活用したものです。
　韓国語はこのような語尾と活用で多彩な表現をつくります。文法編❷以降では、各課で学ぶ語尾がどの活用パターンを使うものなのか、**1 2 3**で示していきます。

活用**1**を学びます。この課では、「〜したい」という希望・願望の表現と、「〜けれど」という逆接の表現を取り上げます。

🎧**24**

❶ ヨンファルル ポゴ シプスムニダ
영화를 보고 싶습니다.
映画｜を 見 たい｜です

▶고 싶습니다 : 希望・願望を表す**1**-고 싶다

❷ ムオスル ハゴ シプスムニカ
무엇을 하고 싶습니까?
何｜を し たい｜ですか

▶고 싶습니까? : -고 싶다+丁寧な疑問形**1**-습니까?

❸ ネンミョヌル モッコ シプスムニダ
냉면을 먹고 싶습니다.
冷麺｜を 食べ たい｜です

▶고 싶습니다 : -고 싶다+丁寧な語尾**1**-습니다

❹ メプチマン マシッスムニダ
맵지만 맛있습니다.
辛い｜けれど おいしい｜です

▶지만 : 逆接を表す**1**-지만

学習ポイント

☑ 活用パターン **1** のつくり方　☑ 希望・願望の表現
☑ 逆接の表現

영화를 보고 싶습니다.

① 映画を見たいです。

② 何をしたいですか。

③ 冷麺を食べたいです。

④ 辛いけれど、おいしいです。

☞新出単語

🎧25

□ **영화** ヨンファ　映画（漢映画）　　□ **보다** ボダ　見る　　□ **먹다** モクッタ　食べる

□ **맵다** メプタ　辛い

☞補充単語

□ **읽다** イクッタ　読む　　　　　　　□ **행복하다** ヘンボッカダ　幸せだ（漢幸福-）

□ **한국말** ハングンマル　韓国語（漢韓国-）

□ **잘 하다** チャラダ　上手だ（韓国語では「よくできる」という意味の動詞）

□ **어렵다** オリョプタ　難しい（⇔ **쉽다** スィダ　易しい）　　□ **비싸다** ビッサダ　（値段が）高い（⇔ **싸다** ッサダ　安い）

公式 17 「～したい」は活用 1 -고 싶다を使う

　活用 1 は用言の辞書形から語尾の다を取るだけです。語幹末にパッチムがあってもなくても、語幹末に変化は生じません。

- ボダ　　　　　　　　　　　　　　　　　ボゴ　シプタ　　　　ボゴ　シプスムニダ
  보다　→　보<u>다</u> + -고 싶다　→　보고 싶다　→　보고 싶습니다.
  見る　　　　　　　　　　　　　　　　　見たい　　　　　見たいです。

- モクタ　　　　　　　　　　　　　　　　モッコ　シプタ　　　モッコ　シプスムニダ
  먹다　→　먹<u>다</u> + -고 싶다　→　먹고 싶다　→　먹고 싶습니다.
  食べる　　　　　　　　　　　　　　　　食べたい　　　　食べたいです。

　さらに、-고 싶다も다を取って別の語尾を付けて活用することができます。

- イクタ　　　　イルッコ シプタ　　　イルッコ　シプスムニダ
  읽다　→　읽고 싶다　┌→　읽고 싶습니다
  見る　　→　見たい　│　　読みたいです
  　　　　　　　　　　│
  　　　　　　　　　　│　イルッコ　シプスムニッカ
  　　　　　　　　　　└→　읽고 싶습니까?
  　　　　　　　　　　　　読みたいですか

公式 18 活用 1 -지만は逆接「〜けれど」を表す

逆接「〜けれど」にあたる表現はいくつかありますが、代表的なものが **1**-지만^{チマン} です。どんな用言（動詞、形容詞、存在詞、指定詞）にも付けて使えます。前に来る文が現在形でも過去形でも付けられます。

過去形のつくり方は「公式30」（p.126）で学ぶので、ここでは現在形へのつなぎ方を学びます。

● 맵다^{メプタ} 辛い　→　맵**다**+-지만　→　맵지만^{メプチマン}

비빔냉면은^{ピビンネンミョヌン} 맵^{メプチマン}지만 맛있습니다^{マシッスムニダ}.

ビビン冷麺は辛いけれどおいしいです。

● 없다^{オプタ} ない　→　없**다**+-지만　→　없지만^{オプチマン}

돈이^{トニ} 없^{オプチマン}지만 행복합니다^{ヘンボッカムニダ}. お金がないけれど幸せです。

● 아니다^{アニダ} （〜では）ない　→　아니지만^{アニジマン}

죤 씨는^{ジョン ッシヌン} 한국사람이^{ハングクサラミ} 아니지만^{アニジマン} 한국말을^{ハングンマルル} 잘 합니다^{チャラムニダ}.

ジョンさんは韓国人ではありませんが韓国語が上手です。

✓ 最後の例文のように、韓国語では文の最後が丁寧な形であれば、そこに接続された前の文にも丁寧なニュアンスを与えることができます。

1 次の動詞の語尾を **1**-고 싶습니다（～(し)たいです）にして文を完成させましょう。

ヒント！ 辞書形から다を取りましょう。

① 보다　見る

한국 영화를 ＿＿＿＿＿＿＿＿＿＿＿＿＿. 韓国の映画を見たいです。

② 듣다　聞く

음악을 ＿＿＿＿＿＿＿＿＿＿. 音楽を聞きたいです。

③ 살다　暮らす

서울에서 ＿＿＿＿＿＿＿＿＿＿＿. ソウルで暮らしたいです。

④ 유학가다　留学する

미국으로 ＿＿＿＿＿＿＿＿＿＿＿. アメリカに留学したい（行きたい）です。

2 次の形容詞・動詞を **1**-지만で活用して文を完成させましょう。

① 어렵다　難しい

한국말은 ＿＿＿＿＿재미있습니다. 韓国語は難しいけれど面白いです。

② 비싸다　（価格が）高い

이것은＿＿＿＿＿튼튼합니다. これは高いけれど頑丈です。

③ 맵다　辛い

떡볶이는＿＿＿＿＿＿맛있습니다.

トッポギは辛いけれどおいしいです。

④ 내리다　降る

오늘은 오후부터 비가＿＿＿＿＿＿내일은 갭니다.

今日は午後から雨が降りますが明日は晴れます。

1

① **한국 영화를 보고 싶습니다.**

◆日本語と同じようにドラマなど口語では「〜が見たい」に가/이 (が) を使うことがあります。

② **음악을 듣고 싶습니다.**

◆음악は漢字語で「音楽」。

③ **서울에서 살고 싶습니다.**

◆살다には「暮らす」「住む」「生きる」という意味があります。

④ **미국으로 유학가고 싶습니다.**

◆유학 (留学) や출장 (出張) という単語には하다 (する) よりも가다 (行く) がよく使われます。

2

① **한국말은 어렵지만 재미있습니다.**

◆재미있다の反対語は재미없다 (つまらない)。

② **이것은 비싸지만 튼튼합니다.**

◆튼튼하다は「頑丈だ」の他に、「丈夫だ」などと人についても使えます。

③ **떡볶이는 맵지만 맛있습니다.**

◆매운것 (辛いもの) も覚えておくと便利です。

④ **오늘은 오후부터 비가 내리지만 내일은 갭니다.**

◆雨が「降る」という動詞には、口語的な오다と、詩的な내리다があります。どちらも使えます。

COLUMN

韓国マメ知識
7

留学・旅行・出張も가다 (行く)

日本語では「出張する」の他にも「留学する」「旅行する」などに하다 (する動詞) が使われますが、韓国語では가다が使われることがほとんどです。

「安くておいしい」など2つ以上の文を並列させる表現と、「〜しない」
という否定形を学習します。どちらも活用**1**を使います。

🎧27

❶ チョヌン ビビムパブル モッコ オッパヌン ネンミョヌル
저는 비빔밥을 먹고 오빠는 냉면을
　私｜は　　　ビビンバ｜を　　　食べ｜て　　兄｜は　　　冷麺｜を

モクスムニダ
먹습니다.
　食べ｜ます

▶고：並列を表す**1**-고

❷ チョ シクタンウン ッサゴ マシッスムニダ
저 식당은 싸고 맛있습니다.
　あの　　食堂｜は　　安く｜て　　　おいしい｜です

▶고：形容詞の並列にも**1**-고を使う

❸ ウェ アン モクスムニッカ
왜 안 먹습니까?
　なぜ　ない　食べ｜のですか

▶안：否定を表す안（＋用言）

❹ ヨジュム シギョギ ナジ アンスムニダ
요즘 식욕이 나지 않습니다.
　最近　　食欲｜が　　　　　わき｜ません

▶지 않습니다：否定を表す**1**-지 않다＋**1**-습니다

学習ポイント
☑ 並列で文をつなぐ方法
☑ 否定形のつくり方

저는 비빔밥을 먹고
오빠는 냉면을 먹습니다.

❶ 私はビビンパを食べて、兄は冷麺を食べます。

❷ あの食堂は安くておいしいです。

❸ なぜ食べないのですか。

❹ 最近、食欲がわきません。

☞新出単語

🎧28

- □ 비빔밥 ビビンパ、混ぜご飯 (ビビムバプ)
- □ 냉면 冷麺（漢冷麺）(ネンミョン)
- □ 식당 食堂、レストラン（漢食堂）(シクッタン)
- □ 싸다 安い (ッサダ)
- □ 왜 なぜ (ウェ)
- □ 식욕 食欲（漢食欲）(シギョク)

☞補充単語

- □ 비행기 飛行機（漢飛行機）(ピヘンギ)
- □ 경주 慶州（漢慶州）(キョンジュ)
- □ 늦다 遅い (ヌッタ)
- □ 바쁘다 忙しい (バップダ)
- □ 요리하다 料理する（漢料理-）(ヨリハダ)

公式 19　2つ以上の文を並べるときは 活用 1 -고を使う

活用 1 -고は2つの文を並列につないで1つの文にします。どの用言にも付けられます。1 -고にはいくつかの機能があります。

2つ以上の事実を並べる

● タルダ
　달다　→　이것은 달고 이것은 맵습니다.
　甘い　　これは甘くて、これは辛いです。

2つ以上の出来事が同時に起きる

● カダ
　가다　→　저는 학교에 가고 누나는 회사에 갑나다.
　行く　　私は学校に行き、姉は会社に行きます。

「~(し)てから…する」のように、最初の動作が終わってから次の動作が始まる

● モクッタ
　먹다　→　아침을 먹고 학교에 갑니다.
　食べる　　朝ご飯を食べて学校に行きます。

「乗っている」や「乗って行く」など、乗り物に乗った後の状態が続く

● タダ
　타다　→　비행기를 타고 경주에 갑니다.
　来る　　飛行機に乗って慶州に行きます。

公式 20　否定形は안＋用言か 活用 1 -지 않다でつくる

韓国語には短い否定形と長い否定形の2種類があります。안＋用言でつくる短い否定形は会話でよく使われるストレートな言い回しです。活用 1 -지 않다でつくる長い否定形は文章でよく使われる、ややかたい言い回しです。1 -고 싶다と同じで、1 -지 않다それ自体も活用ができます。

短い否定形　안+用言

- <ruby>입다<rt>イプッタ</rt></ruby>　着る　→　<ruby>안 입다<rt>アン ニプッタ</rt></ruby>　着ない　→　<ruby>안 입습니다<rt>アン ニプッスムニダ</rt></ruby>　着ません
  └直前に안を付ける。分かち書きが必要

- <ruby>늦다<rt>ヌッタ</rt></ruby>　遅い　→　<ruby>안 늦다<rt>アン ヌッタ</rt></ruby>　遅くない　→　<ruby>안 늦습니다<rt>アン ヌッスムニダ</rt></ruby>　遅くありません
  └안の後の用言を活用できる

하다動詞の場合　＊「～하다」の形をとる、「体言＋하다」の組み合わせでつくる動詞

- <ruby>공부하다<rt>コンブハダ</rt></ruby>　勉強する　→　<ruby>공부 안 하다<rt>コンブ アナダ</rt></ruby>　勉強しない
  └하다の前に안を入れる。
  　안の前後を分かち書きする

- →　<ruby>공부 안 합니다<rt>コンブ アナムニダ</rt></ruby>　勉強しません
  └하다を活用する

長い否定形　1 -지 않다

- <ruby>먹다<rt>モクッタ</rt></ruby>　→　<ruby>먹지 않다<rt>モクチ アンタ</rt></ruby>　→　<ruby>먹지 않습니다<rt>モクチ アンスムニダ</rt></ruby>
  食べる　　　食べない↑　　　　食べません　　↑
  　　　　먹다の다を取って付ける　　　-지 않다を活用する

- <ruby>바쁘다<rt>パップタ</rt></ruby>　→　<ruby>바쁘지 않다<rt>パップジ アンタ</rt></ruby>　→　<ruby>바쁘지 않습니다<rt>パップジ アンスムニダ</rt></ruby>
  忙しい　　　忙しくない↑　　　　忙しくありません
  　　　　パッチムがなくても、付け方は同じ

- <ruby>요리하다<rt>ヨリハダ</rt></ruby>　→　<ruby>요리하지 않다<rt>ヨリハジ アンタ</rt></ruby>　→　<ruby>요리하지 않습니다<rt>ヨリハジ アンスムニダ</rt></ruby>
  料理する　　　料理しない↑　　　　料理しません
  　　　　하다動詞も付け方は同じ

✔ 存在詞は있다の否定形が없다で、指定詞は이다の否定形が아니다です。ただ、있지 않다/없지 않다/아니지 않다といった表現をつくることはできて、実際に使います。

1 **1**-고を用いて2つの文を1つにつなぎ、합니다体にして文を完成させましょう。

① 도쿄의 여름은 덥다 / 겨울은 춥다

_____.

東京の夏は暑く、冬は寒いです。

② 오늘은 바람이 불다 / 비도 오다

_____.

今日は風が吹き、雨も降ります（降っています）

③ 책을 읽다 / 감상문을 쓰다

_____.

本を読んで感想文を書きます。

④ 저는 지하철을 타다 / 회사에 가다

_____.

私は地下鉄に乗って会社に行きます。

2 質問に対して합니다体の否定文で答えましょう。

① 비싸다　安い　（短い否定形 안+用言で）

서울은 도쿄보다 물가가 비쌉니까?

ソウルは東京よりも物価が高いですか。

아니요. 물가는_____.

いいえ。物価は高くありません。

② 피우다　吸う　（長い否定形 **1**-지 않다で）

담배를 피웁니까？　タバコを吸いますか。

아니요. 저는 담배를_____.

いいえ。私はタバコを吸いません。

98

1

① 도쿄의 여름은 덥고 겨울은 춥습니다.

◆봄 (ポム) 「春」、여름 (ヨルム) 「夏」、가을 (カウル) 「秋」、겨울 (キョウル) 「冬」。

② 오늘은 바람이 불고 비도 옵니다.

◆「~も」には「名詞＋도」を使います。

③ 책을 읽고 감상문을 씁니다.

◆「本を読んでから~」という意味です。

④ 저는 치하철을 타고 회사에 갑니다.

◆「~に乗って~に行く」という動作の場合は、必ず타다 (乗る) に **1**-고をつなぎます。
また、「~に乗る」は「-를/을 타다」と言います (助詞に注意しましょう)。

第**7**課

2

① 서울은 도쿄보다 물가가 비쌉니까?

아니요. 물가는 안 비쌉니다.

◆ソウルなどは交通費などのインフラは安くても不動産価格が高騰しています。

② 담배를 피웁니까?

아니요. 저는 담배를 피우지 않습니다.

◆피우다を使った熟語に바람을 피우다 (浮気をする) があります。

活用**2**を学びます。ここでは、「（仮に）～なら」という仮定形と、前の
文が後の文の理由・原因となる「～だから」という接続表現を学びます。

❶ トニ　イッスミョン　ムオッスル　サムニッカ
돈이 있으면 무엇을 삽니까?

| お金｜が | あっ｜たら | 何｜を | 買い｜ますか |

▶있으면：仮定を表す**2**-면

---

❷ チャドンチャルル　サゴ　シプスムニダ
자동차를 사고 싶습니다.

| 自動車｜を | 買い | たいです |

---

❸ ヨヘンウル　カジ　アンスムニッカ
여행을 가지 않습니까?

| 旅行｜に | 行き | ませんか |

▶을：本来は「～を」だが、「旅行に行く」の場合は「を」を使う。

---

❹ シガニ　オプスニッカ　カジ　アンスムニダ
시간이 없으니까 가지 않습니다.

| 時間｜が | ない｜から | 行き | ません |

▶없으니까：理由・原因を表す**2**-니까

자동차를 사고 싶습니다.

1 お金があったら何を買いますか。

2 自動車を買いたいです。

3 旅行に行きませんか。

4 時間がないから行きません。

第8課

☞新出単語

🎧31

- □ **사다** (サダ) 買う
- □ **자동차** (チャドンチャ) 自動車（漢自動車）
- □ **여행** (ヨヘン) 旅、旅行（漢旅行） *여행을 가다 旅行に行く

☞補充単語

- □ **시험** (シホム) 試験（漢試験）
- □ **붙다** (ブッタ) 受かる、付く
- □ **날씨** (ナルッシ) 天気
- □ **나쁘다** (ナップタ) 悪い
- □ **드라이브하다** (トゥライブハダ) ドライブする
- □ **냉장고** (ネンジャンゴ) 冷蔵庫（漢冷蔵庫）
- □ **안** (アン) 中、内部
- □ **밖** (パク) 外
- □ **우산** (ウサン) 傘（漢雨傘）
- □ **필요하다** (ピリョハダ) 必要だ（漢必要-）
- □ **아이** (アイ) 子ども
- □ **세상** (セサン) 世の中（漢世上）
- □ **모르다** (モルダ) 知らない、分からない
- □ **휴일** (ヒュイル) 休日（漢休日）
- □ **일하다** (イラダ) 働く、仕事をする

101

公式 21 仮定形「たられば」は活用 2 -면でつくる

仮定形の文をつくるときは 2 -면を使います。2 -면の前の文は現在形でも過去形（公式30参照）でも構いません。

動詞・形容詞・存在詞 -면

> ● 붙다 受かる → 붙다+으+-면 → 붙으면 受かれば

シホメ　プットゥミョン　ヨヘンウル　カムニダ
시험에 붙으면 여행을 갑니다. 試験に受かれば旅行に行きます。

✓ 여행은 가다を伴って여행을 가다（旅行に行く）と表現することが多いです。
　助詞は을を使うことに注意しましょう。

> ● 나쁘다 悪い → 나쁘다+-면 → 나쁘면 悪ければ

ナルッシガ　ナップミョン　トゥライブハジ　アンスムニダ
날씨가 나쁘면 드라이브하지 않습니다.
天気が悪ければドライブしません。

> ● 있다 ある → 있다+으+-면 → 있으면 あれば

シガニ　イッスミョン　ハングゴルル　コンブハムニダ
시간이 있으면 한국어를 공부합니다. 時間があれば韓国語を勉強します。

指定詞 (이)라면 / 아니라면

指定詞の仮定形は(이)라면 / 아니라면のように라が入ります。(이)라면は、前に来る体言の最後の文字にパッチムがあれば-이라면を使い、なければ이を省略した-라면を使います。

マヌォニラミョン　サムニダ
만 원이라면 삽니다. 1万ウォンならば買います。

キムチラミョン　ネンジャンゴ　アネ　イッスムニダ
김치라면 냉장고 안에 있습니다. キムチなら冷蔵庫の中にあります。

活用 2 -니까は理由・原因を表す

理由・原因を表す接続の言葉はいくつかあり、2-니까はそのうちの1つです。
2-니까の前の文は現在形でも過去形でも構いません。

動詞・形容詞・存在詞 2-니까

● 오다 降る → 오**다**+ -니까 → 오니까 降るので

バッケ ビガ オニッカ ウサニ ビリョハムニダ
밖에 비가 오니까 우산이 필요합니다.
外は雨が降っているから傘が必要です。

● 없다 ない → 없**다**+으+-니까 → 없으니까 ないから

オヌルン シガニ オプスニッカ ネイル カムニダ
오늘은 시간이 없으니까 내일 갑니다.
今日は時間がないから明日行きます。

指定詞 (이)니까 / 아니니까

指定詞이다と2-니까の組み合わせでは、前に来る体言の最後の文字にパッチムがあれば이니까を使い、なければ이を省略した니까を使います。

アジク アイニッカ セサンウル モルムニダ
아직 아이니까 세상을 모릅니다. まだ子どもだから世の中を知りません。
└パッチムなし

ヒュイリニッカ フェサエ アン カムニダ
휴일이니까 회사에 안 갑니다. 休日だから会社に行きません。
└パッチムあり

ヒュイリ アニニッカ イラムニダ
휴일이 아니니까 일합니다. 休日ではないから働きます。

1 下線部の用言を **2**-면で活用して1つの文にしましょう。

① 토요일에 시간이 <u>있다</u> / 뭘 합니까?

_____.

土曜日に時間があったら何をしますか。

② 야채를 <u>먹다</u> / 몸에 좋습니다.

_____.

野菜を食べると体によいです。

③ 졸업<u>하다</u> / 미국에 가고 싶습니다.

_____.

卒業したらアメリカに行きたいです。

2 下線部の用言を **2**-니까で活用して1つの文にしましょう。

① 백화점은 <u>비싸다</u> / 시장에서 삽니다.

_____.

デパートは高いから市場で買います。

② 금요일은 시원 씨가 <u>쉬다</u> / 제가 출근합니다.

_____.

金曜日はシウォンさんが休むから私が出勤します。

③ 떡볶이가 <u>있다</u> / 간식으로 먹습니다.

_____.

トッポギがあるから、おやつに食べます。

1

① 토요일에 시간이 <u>있으면</u> 뭘 합니까?

◆있다の語幹末にパッチムがあるので으を付けて있으면。

② 야채를 <u>먹으면</u> 몸에 좋습니다.

◆먹다の語幹末にパッチムがあるので으を付けて먹으면。

③ <u>졸업하면</u> 미국에 가고 싶습니다.

◆졸업하다 하다の語幹末にパッチムがないので하면。

2

① 백화점은 <u>비싸니까</u> 시장에서 삽니다.

◆비싸다の語幹末にパッチムがないので비싸니까。

② 금요일은 시원 씨가 <u>쉬니까</u> 제가 출근합니다.

◆쉬다の語幹末にパッチムがないので쉬니까。

③ 떡볶이가 <u>있으니까</u> 간식으로 먹습니다.

◆있다の語幹末にパッチムがあるので으を付けて있으니까。

第8課

COLUMN

韓国マメ知識 9

韓国のおやつは屋台で

　韓国には多種多様なおやつがあり、学校帰りや仕事帰りによくカフェやファストフードに立ち寄ります。他に、手軽に小腹を満たすなら街中にある屋台が最適です。値段が書かれていないときには必ず "얼마예요?"(オルマエヨ)(いくらですか)と聞いてから買いましょう。持ち帰りたいときには "포장해 주세요."(ポジャンヘ ジュセヨ)(包んでください)と伝えます。

可能形「できる」と不可能形「できない」を学びます。「できない」を意味する表現は2種類あるので、どちらも覚えましょう。

🎧33

① ソンセンニムル マンナル ッス イッスムニッカ
선생님을 만날 수 있습니까?
先生 | に　　　会え　　　ますか

▶ 만날 수 있습니까：可能を表す **2**-ㄹ 수 있다

---

② アニヨ マンナル ッス オプスムニダ
아니요. 만날 수 없습니다.
いいえ　　　会え　　　ません

▶ 수 없습니다：不可能を表す **2**-ㄹ 수 없다

---

③ ネイル カッチ カル ッス イッスムニッカ
내일 같이 갈 수 있습니까?
明日　一緒　行け　　ますか

---

④ ミアナジマン モッ カムニダ
미안하지만 못 갑니다.
すみません | が　　　行けません

▶ 못 갑니다：不可能を表す口語的な表現못（＋用言）

선생님을 만날수 있습니까?

① 先生に会えますか。

② いいえ。会えません。

③ 明日一緒に行けますか。

④ すみませんが行けません。

第9課

☞新出単語 〔34〕

□ **만나다** マンナダ　会う　　□ **같이** カッチ　一緒に　　□ **미안하다** ミアナダ　すまない、申し訳ない

☞補充単語

□ **아프다** アプダ　痛い　　□ **많다** マンタ　多い　　□ **판문점** パンムンジョム　板門店（漢板門店）

□ **사진** サジン　写真（漢写真）　　□ **찍다** チックッタ　（写真を）撮る、（はんこなどを）押す

□ **한자** ハンチャ　漢字（漢漢字）　　□ **쓰다** ッスダ　書く　　□ **숙제** スクチェ　宿題（漢宿題）

□ **죄송하다** チェソンハダ　すまない、申し訳ない（미안하다よりフォーマルな表現）

公式 23 可能形「できる」は 活用2 -ㄹ 수 있다でつくる

2 -ㄹ 수 있다は可能性があることを意味する表現です。活用2なので語幹末にパッチムがあれば으が入ります。このとき、으はㄹの上に付いて을 수 있다となります。

- 만나다 会う → 만나다 +-ㄹ 수 있다 → 만날 수 있다

カペエ　カミョン　チングルル　マンナル ッス イッスムニダ
카페에 가면 친구를 만날 수 있습니다. カフェに行けば友達に会えます。
└ 2 -ㄹ 수 있다自体も活用ができる

- 먹다 食べる → 먹다+으 +-ㄹ 수 있다 → 먹을 수 있다

キムチヌン　メプチマン　チョヌン　モグル　ッス イッスムニダ
김치는 맵지만 저는 먹을 수 있습니다.
キムチは辛いですが、私は食べられます。

公式 24 不可能形「できない」は 活用2 -ㄹ 수 없다でつくる

2 -ㄹ 수 없다は、できる条件がなくてできないことや、規則で禁止されていることに使います。

- 찍다 撮る → 찍다+으 -ㄹ 수 없다 → 찍을 수 없다

パンムンジョメソヌン　サジヌル　ッチグル ッス オプスムニダ
판문점에서는 사진을 찍을 수 없습니다.
板門店では写真を撮れません(撮影の禁止)。

- 쓰다 書く → 쓰다 -ㄹ 수 없다 → 쓸 수 없다

ハンチャヌン イルグル ス イッチマン スルッス オプスムニダ
한자는 읽을 수 있지만 쓸 수 없습니다.
漢字は読めますが、書けません(書くための勉強をしていない)。

못も不可能を表す

　못を使った不可能形は、**2**-ㄹ 수 있다と同じく「条件や規則によってできない」ことを表すほかに、「能力的にできない」ことも表します。「못＋用言」と**1**-지 못하다の2つの形があって、意味の違いはありません。못は一般的な会話でよく使われる表現で、**1**-지 못하다のほうが丁寧な言い方です。また、動詞に使われることがほとんどです。

短い不可能形　못＋動詞

● **動詞　먹다**　食べる

チョヌン　スンデルル　モン　モクスムニダ
저는 순대를 못 먹습니다. 私はスンデ(韓国風腸詰)を食べられません。
└─動詞の前に못を付ける。分かち書きが必要

● **하다動詞　숙제하다**　宿題(を)する

オヌルド　スクチェ　モッ　タムニダ
오늘도 숙제 못 합니다. 今日も宿題(が)できません。
└─하다の前に못を付ける。分かち書きが必要

長い不可能形　**1**-지 못하다

● **가다**　行く

チェソンハジマン　ネイルド　カジ　モッ　タムニダ
죄송하지만 내일도 가지 못 합니다. すみませんが、明日も行けません。
└─지 못하다も活用ができる

✓ 文のつくり方は否定形の「안＋用言」、**1**-지 않다と同じです。

1 次の語を、日本語訳に従って可能（**2**-ㄹ 수 있다）か不可能（**2**-ㄹ 수 없다）の形にし、합니다体で文を完成させましょう。

① 운전하다　運転する

면허증이 없으면　　　　　　　　　　　　.

免許証がなければ運転することはできません。

② 먹다　食べる

저는 회를　　　　　　　　　　　　.

私は刺身を食べられません。

③ 읽다　読む

남동생은 영어신문을　　　　　　　　　　　　.

弟は英字新聞を読めます。

④ 만나다　会う

저는 내일이라면 미숙씨를　　　　　　　　　　　　.

私は明日ならばミスクさんに会うことができます。

2 次の語をそれぞれ못と**1**-지 못 하다を使って不可能形にしましょう。

① 잘 합니다　できます

우리 동생은 공부를　　　　　　　　　　　.

우리 동생은 공부를　　　　　　　　　　　.

私の弟は勉強がよくできません。

② 갑니다　行きます

2 시까지　　　　　　　　　　　.

2 시까지　　　　　　　　　　　.

2時までに行けません

1

① 면허증이 없으면 <u>운전할 수 없습니다</u>.

◆規則的な禁止なので活用**2**-ㄹ 수 없다を用います。

② 저는 회를 <u>먹을 수 없습니다</u>.

◆못 먹습니다.を使っても正解。

③ 남동생은 영어신문을 <u>읽을 수 있습니다</u>.

◆읽을 줄 압니다.──習得してできるようになったことについてはこの表現を使うことが多いです（コラム参照）。

④ 저는 내일이라면 미숙씨를 <u>만날 수 있습니다</u>.

◆볼 수 있습니다.と、보다 (見る)を使っても「会う」を表現できます。

2

① 우리 동생은 공부를 <u>잘 못 합니다</u>.
우리 동생은 공부를 <u>잘 하지 못 합니다</u>.

◆못 합니다.は発音に注意。ㅅとㅎが重なると激音化して、実際の発音は모 탐니다となります。

② 2 시까지 <u>못 갑니다</u>.
2 시까지 <u>가지 못 합니다</u>.

◆2 시는두 시と読みます。

第9課

「できる」の違い

2-ㄹ 수 있다は「努力しなくてもできる」の意味で、**2**-ㄹ 줄 알다（ウルチュルアルダ）は「習得したからこそできる」の意味です。日本人が勉強して韓国語が話せるようになった場合には、한국말을 할 줄 알아요.（韓国語を話せます）と言うとネイティブっぽく聞こえます。

上下関係がはっきりとしている韓国では目上の人には尊敬語を使います。
この課で尊敬表現を使いこなせるようにしましょう。

🎧36

❶ 어디 가십니까?
オディ カシムニッカ

| どこ | 行｜か｜れますか |

▶ 가십니까：尊敬を表す**2**-시

❷ 대구에 가겠습니다.
テグエ カゲッスムニダ

| 大邱｜に | 行き｜ます |

▶ 가겠습니다：推量・意志・未来の出来事・謙譲を表す**1**-겠

❸ 여행 가십니까?
ヨヘン カシムニッカ

| 旅行 | 行｜か｜れるのですか |

❹ 아니요. 출장 가겠습니다.
アニヨ チュルッチャン カゲッスムニダ

| いいえ | 出張 | 行き｜ます |

어디 가십니까?

❶ どこ(に)行かれるのですか。

❷ 大邱に行きます。

❸ 旅行(に)行かれるのですか。

❹ いいえ。出張(に)行きます。

☞新出単語　🎧37

□ 대구　テグ　㊤大邱

□ 출장　チュルッチャン　出張(㊤出張)　*출장 가다 出張(に)行く

☞補充単語

□ 비　ビ　雨

□ 매일　メイル　毎日(㊤毎日)

□ 할머니　ハルモニ　おばあさん

公式 26 尊敬語は活用 2 -시-でつくる

　尊敬語は用言に 2 -시-をつなげてつくります。尊敬語なので目上の人が主語になります。2 -시-はそのまま終わることができず、-시다のように後ろに他の語尾が必要です。합니다体の語尾にすると십니다 / 십니까? となります。

動詞・形容詞・存在詞

> ● 바쁘다 忙しい → 바쁘다 + -시- → 바쁘시-

ソンセンニムン　バップシムニダ
선생님은 바쁘십니다. 先生はお忙しいです。

指定詞

> ● 이다 ～だ → 이다 + -시- → (이)시-

イ　ブヌン　パク　ソンセンニミシムニダ
이 분은 박 선생님이십니다. この方はパク先生でいらっしゃいます。

特殊な変形をする尊敬語・謙譲語もある

　尊敬語の中には基本形とはすっかり形が変わってしまうものがあります。そして、助詞にも特別な尊敬語を持つものがあります。それらとあわせて謙譲語も覚えましょう。

よく使われる特別な尊敬形

먹다 食べる → 잡수시다 召し上がる

들다 「食べる」の美化語 → 드시다 召し上がる

자다 寝る → 주무시다 お休みになる

있다 いる → 계시다 いらっしゃる　＊없다는 안 계시다 (いらっしゃらない)

114

말하다 言う → <ruby>말씀하시다<rt>マルスムハシダ</rt></ruby> おっしゃる

죽다 死ぬ → <ruby>돌아가시다<rt>トラカシダ</rt></ruby> お亡くなりになる

謙譲語

주다 あげる → <ruby>드리다<rt>トゥリダ</rt></ruby> 差し上げる　　**만나다** 会う → <ruby>뵙다<rt>ペプタ</rt></ruby> お目にかかる

助詞の特別な尊敬語

<ruby>-께서<rt>ッケソ</rt></ruby> ~が	<ruby>-께서는<rt>ッケソヌン</rt></ruby> ~は	<ruby>-께<rt>ッケ</rt></ruby> ~に	<ruby>-께서도<rt>ッケソド</rt></ruby> ~も
선생님께서 先生が	선생님께서는 先生は	선생님께 先生に	선생님께서도 先生も

名詞の特別な尊敬語

<ruby>사람<rt>サラム</rt></ruby> 人 → <ruby>분<rt>ブン</rt></ruby> 方　　<ruby>집<rt>チプ</rt></ruby> 家 → <ruby>댁<rt>テク</rt></ruby> 宅　　<ruby>이름<rt>イルム</rt></ruby> 名前 → <ruby>성함<rt>ソンハム</rt></ruby> お名前

<ruby>생일<rt>センイル</rt></ruby> 誕生日 → <ruby>생신<rt>センシン</rt></ruby> お誕生日　　<ruby>나이<rt>ナイ</rt></ruby> 歳 → <ruby>연세<rt>ヨンセ</rt></ruby> お歳

公式 **27**

活用 1 -겠-は推量・意志・未来の出来事と謙譲を表す

1 <ruby>-겠-<rt>ケッ</rt></ruby>は話し手の推量・意思・未来の出来事などを表すのに加え、謙譲語をつくることもできます。必ず後ろに別の語尾を付けます。합니다体の語尾を補えば-<ruby>겠습니다<rt>ケッスムニダ</rt></ruby> / -<ruby>겠습니까<rt>ケッスムニッカ</rt></ruby>? です。

第 **10** 課

用言 + -겠- = 推量・可能性

<ruby>저녁에<rt>チョニョゲ</rt></ruby> <ruby>비가<rt>ビガ</rt></ruby> <ruby>오겠습니다<rt>オゲッスムニダ</rt></ruby>. 夕方に雨が降りそうです。

（自分が行う）動詞 + -겠- = 謙譲　自分の動作を謙譲するのに使える

<ruby>잘 먹겠습니다<rt>チャル モッケッスムニダ</rt></ruby>. いただきます。　　<ruby>제가<rt>チェガ</rt></ruby> <ruby>하겠습니다<rt>ハゲッスムニダ</rt></ruby>. 私がいたします。

1 次の語を、活用 **2**-시-を使って尊敬語に直し、합니다体で文を完成させましょう。

① 모르다　知らない

저 사람을＿＿＿＿＿＿＿＿＿？　あの方をご存じないですか。

② 이다　～だ

기무라 선생님 어머님께서는 한국＿＿＿＿＿＿＿＿？

木村先生のお母様は韓国の方ですか。

③ 받다　受ける、取る

박경모 씨의 집에 전화를 하면 항상 어머님이
전화를＿＿＿＿＿＿＿＿.

パク・キョンモさんのお宅に電話をするといつもお母様が電話を取られます。

2 （　）内の語を尊敬語に直し、합니다体で文を完成させましょう。

① 할머니＿＿＿진지를＿＿＿＿？
　　　　（는）　　　　（먹습니까）

おばあさんはお食事を召し上がられますか。

② 선생님＿＿＿이 어디＿＿＿＿？
　　　　（집）　　　　（입니까）

先生のお宅はどちらですか。

③ 사장님＿＿＿매일 아침 조깅을＿＿＿＿.
　　　　（은）　　　　　　　　（합니다）

社長は毎日、朝ジョギングをなさいます。

③ 정선생님＿＿＿항상＿＿＿＿.
　　　　（은）　　　（바쁩니다）

チョン先生はいつもお忙しいです。

1

① 저 사람을 <u>모르십니까</u>?

◆사람(人)을 분(方)에 해도 良いです。모르다＋시다＝모르시다

② 기무라 선생님 어머님께서는 한국 <u>분이십니까</u>?

◆名詞を尊敬表現などにするときには必ず指定詞이다が必要になるので、이다に尊敬の**2**-시-をつなげて이시다とします。

③ 박경모 씨의 집에 전화를 하면 항상 어머님이
전화를 <u>받으십니다</u>.

◆받다の語尾다を取ってから으시다をつなぎます。

2

① 할머니<u>께서는</u> 진지를 <u>잡수십니까</u>?

◆韓国語では助詞にも特別な尊敬形があります。-는 → -께서는

② 선생님 <u>댁</u>이 어디<u>십니까</u>?

◆名詞にも特別な尊敬形があります。집 → 댁

③ 사장님<u>께서는</u> 매일 아침 조깅을 <u>하십니다</u>.

◆役職에님(様)을 付けるのが韓国流。

④ 정선생님<u>께서는</u> 항상 <u>바쁘십니다</u>.

◆助詞께서と語尾의십니다も尊敬形にすれば完璧です。

第10課

活用**3**のつくり方を学びます。活用**3**の代表例が、丁寧ながらも親しみを込めた語尾である해요体です。

🎧**39**

❶ 지효 씨는 내일 서울에 가요?

ジヒョ　ッシヌン　ネイル　ソウレ　カヨ

| ジヒョ | さん｜は | 明日 | ソウル｜に | 行き｜ますか |

▶가요：해요体をつくる語尾**3**-요

---

❷ 네, 내일 가요.

ネ　ネイル　カヨ

| はい | 明日 | 行き｜ます |

---

❸ 미나 씨는 언제 일본에 귀국하세요?

ミナ　ッシヌン　オンジェ　イルボネ　クィグクハセヨ

| ミナ | さん｜は | いつ | 日本｜に | 帰国｜されますか |

▶귀국하세요：尊敬を表す**2**-시＋해요体をつくる語尾**3**-요

---

❹ 저는 팔월에 귀국해요.

チョヌン　パロレ　クィグケヨ

| 私｜は | 8月｜に | 帰国｜します |

▶팔：通常はアラビア数字の8で表記します。　귀국해요：하다動詞の해요体

118

| 学習ポイント | ☑ 活用**3**のつくり方 |
| | ☑ 해요체（親しみをこめた丁寧な語尾）のつくり方 |

지효 씨는 내일 서울에 가요?

❶ ジヒョさんは明日ソウルへ行きますか。

❷ はい、明日行きます。

❸ ミナさんはいつ日本に帰国されますか。

❹ 私は8月に帰国します。

☞新出単語

クイグカダ
□ **귀국하다** 帰国する（㊅帰国-）

☞補充単語

ツクアク
□ **꽉** ぎゅっと、しっかり

パッタ
□ **받다** 受ける

チャプタ
□ **잡다** つかむ、握る

チョンジャン
□ **정장** 正装、スーツ（㊅正装）

公式 28 活用 3 は아か어を付ける

　活用 3 は、基本形の語尾の다を取ったら、語幹末の母音を確認します。語幹末の母音が陽母音ト、ト、ㅗである場合は次に아を付け、それ以外の陰母音である場合は어を付けます。

語幹末の母音が陽母音ト/ト/ㅗの場合は아を付ける

● 받다 受ける　　받<u>다</u>+아　→　받아
（パッタ）　　　　　　　　　　　（バダ）

語幹末の母音が陰母音の場合は어を付ける

● 먹다 食べる　　먹<u>다</u>+어　→　먹어
（モクッタ）　　　　　　　　　　（モゴ）

語幹末の母音がトかㅓかつパッチムがない場合、母音の同化が起こる

● 가다 行く　　가<u>다</u>+아　→　가
（カダ）　　　　　　　　　　　（カ）
　　　　　　└ トと아が同化

母音を縮められる場合は合成母音にする

● 오다 来る　　오<u>다</u>+아　→　와
（オダ）　　　　　　　　　　　（ワ）
　　　　　　└ ㅗとトはㅘに

● 되다 なる　　되<u>다</u>+어　→　돼
（トゥエダ）　　　　　　　　　　（テ）
　　　　　　└ ㅚとㅓはㅙに

● 기다리다 待つ　기다리<u>다</u>+어　→　기다려
（キダリダ）　　　　　　　　　　　　（キダリョ）
　　　　　　　　　　　　└ ㅣとㅓはㅕに

✓ 必ずしも合成母音にしなくてよいとされている単語もあります。

（例）보다 見る：보아/봐　　　고다 煮込む：고아/과
　　　주다 あげる、くれる：주어/줘　　　두다 置く：두어/둬
　　　하시다 なさる：하시어/하셔　　　되다 なる：되어/돼

公式29 해요体は活用③-요でつくる

합니다体と並ぶもう1つの「ですます体」である해요体は、活用③の語尾-요
でつくります。합니다体よりも柔らかな印象を与え、日常会話で多く使われます。

左ページの変化後の形に③-요を付けていけば、해요体の活用の完成です。

- 받다 _{受ける} → 받아요 _{受けます}
- 먹다 _{食べる} → 먹어요 _{食べます}
- 서다 _{立つ} → 서요 _{立ちます}
- 배우다 _{学ぶ} → 배워요 _{学びます}
- 되다 _{なる} → 돼요 _{なります}

✓ 해요体の疑問文は平叙文と同じ形で、語尾を上げて発音します。書き言葉では
「?」を付けます。

가요?↗ _{行きますか。}　　돼요?↗ _{できますか。}

指定詞이다

指定詞이다の해요体は、名詞の最後の文字を受けて形が変わります。

名詞の最後の文字に パッチムなし　예요	김치이다 キムチだ →김치예요 キムチです
名詞の最後の文字に パッチムあり　이에요	냉면이다 冷麺だ →냉면이에요 冷麺です

⏱ かんたん10分エクササイズ

1 次の語を活用**3**で解要体 (-요) にしましょう。

① 주다　あげる
아침마다 새한테 모이를＿＿＿＿＿＿＿.　毎朝、鳥に餌をあげます。

② 공부하다　勉強する
목요일마다 한국말을＿＿＿＿＿＿＿.　毎週木曜日、韓国語を勉強します。

③ 오다　降る
장마철에는 날마다 비가＿＿＿＿＿＿＿.　梅雨時には毎日雨が降ります。

④ 입다　着る
저는 날마다 양복을＿＿＿＿＿＿＿.　私は毎日スーツを着ます。

⑤ 보시다　ご覧になる
아침에 신문을＿＿＿＿＿＿＿.　朝、新聞をご覧になりますか。

⑥ 이다　～だ
제 이름은 박승일＿＿＿＿＿＿＿.　私の名前はパク・スンイルです。

2 (　)内の합니다体を解요体にして文を完成させましょう。

① 저는 날마다 아침 7 시에＿＿＿＿＿＿＿.　私は毎日朝7時に起きます。
(일어납니다)

② 선생님은 언제 부산에＿＿＿＿＿＿＿?
(가십니까)

先生はいつ釜山に行かれますか。

③ 우리 동생은 정말로 많이＿＿＿＿＿＿＿.
(먹습니다)

私の弟は本当にたくさん食べます。

1

① 아침마다 새한테 모이를 <u>줘요</u>.

◆주다는 다의 前の母音が陰母音なので、次に어をつなげて주어を合成母音にします。

② 목요일마다 한국말을 <u>공부해요</u>.

◆하다動詞・形容詞は活用**3**で하아(요)/하(요)ではなく해(요)と特殊な変化をします。

③ 장마절에는 날마다 비가 <u>와요</u>.

◆오다는 다の前の母音が陽母音ㅗなので次に아をつなげて、오아を와と縮約させます。

④ 저는 날마다 양복을 <u>입어요</u>.

◆입다의 다の前の母音が陰母音なので次に어をつなぎます。

⑤ 아침에 신문을 <u>보세요</u>?

◆尊敬の**2**-시-の해요体は文末では세요と変化します。

⑥ 제 이름은 박승일<u>이에요</u>.

◆名詞の最後の文字にパッチムがある場合は、指定詞이다の해요体は이에요となります。

2

① 저는 날마다 아침 7 시에 <u>일어나요</u>.

◆基本形일어나다に戻してから해요体にしてみましょう。

② 선생님은 언제 부산에 <u>가세요</u>?

◆ㅂ니다.の해요体는세요.で、ㅂ니까?の해요体는세요?です。

③ 우리 동생은 정말로 많이 <u>먹어요</u>.

◆정말로는、会話ではㄹを省いても使えます。

活用**3**を使う過去形のつくり方を学びます。また、尊敬表現の過去形も覚えましょう。

🎧42

① アッチムン モゴッソヨ
아침은 먹었어요?

| 朝ごはん | は | | 食べ | ましたか |

▶먹었어요：過去形をつくる**3**-ㅆの해요体

---

② ネ チベソ モッコ ワッスムニダ
네, 집에서 먹고 왔습니다.

| はい | 家 | で | 食べ | て | 来 | ました |

▶왔습니다：過去形をつくる**3**-ㅆの합니다体

---

③ シン ソンセンニムン オンジェ プサネ カショッスムニッカ
신 선생님은 언제 부산에 가셨습니까?

| シン | 先生 | は | いつ | 釜山 | に | 行か | れましたか |

▶가셨습니까：尊敬の過去形**2**-셨の합니다体

---

④ オジェ ソウルル ットナショッソヨ
어제 서울을 떠나셨어요.

| 昨日 | ソウル | を | 発た | れました |

▶떠나셨어요：尊敬の過去形**2**-셨の해요体

아침은 먹었어요?

① 朝ごはんは食べましたか。

② はい、家で食べて来ました。

③ シン先生はいつ釜山に行かれましたか。

④ 昨日ソウルをお発ちになりました。

☞新出単語

🎧43

□ **부산** ᴾˢᵃⁿ ⓗ釜山

□ **어제** ᴼʲᵉ 昨日

□ **떠나다** ᵀᵗᵗᵘⁿᵃᵈᵃ 発つ

☞補充単語

□ **굳다** ᴷᵘᵗᵗᵃ かたい

□ **사과** ˢᵃᵍᵘ リンゴ

□ **딸기** ᵀᵗᵘᵗᵃˡᵍⁱ イチゴ

□ **수박** ˢᵘᵖᵃᵏ スイカ

□ **작다** ᶜʰᵃᵏᵗᵗᵃ 小さい

□ **아파트** ᴬᵖᵃᵗᵘ マンション、アパート

□ **거울** ᴷᵒᵘˡ 鏡

□ **갈아입다** ᴷᵃˡᵃⁱᵖᵗᵃ 着替える

公式 30 過去形は活用 3 -ㅆ-でつくる

　活用 3 -ㅆ-で過去形をつくります。語幹末に付く아 / 어はㅆの上に載せます。
3 -ㅆ-は必ず後ろに他の語尾を付けます。3 -ㅆ-の後ろに来る합니다体と해요
体は、それぞれ1つの形しか取りません。

動詞・形容詞・存在詞の합니다体の過去形　-ㅆ습니다

動詞

● 받다 受ける　받다+아 +-ㅆ습니다　→　받았습니다 受けました
　　　　　　　　　　　　　　　　　　　　パダッスムニダ

形容詞

● 굳다 かたい　굳다+어 +-ㅆ습니다　→　굳었습니다 かたかった
　クッタ　　　　　　　　　　　　　　　　　　クドッスムニダ　　です

存在詞

● 있다 ある　있다+어 +-ㅆ습니다　→　있었습니다 ありました
　イッタ　　　　　　　　　　　　　　　　　イッソッスムニダ

指定詞の합니다体の過去形

　이다は、体言の最後の文字にパッチムがあれば-이었습니다、なければ-였습니다
と形が変わります。아니다は-이/가 아니었습니다の形だけです。

体言の最後の文字にパッチムなし

● 사과이다 リンゴだ　→　사과였습니다 リンゴでした
　サグヮイダ　　　　　　　サグヮヨッスムニダ

● 딸기가 아니다　→　딸기가 아니었습니다
　ツタルギガ　アニダ　　　ツタルギガ　アニオッスムニダ
　イチゴではない　　　　　イチゴではありませんでした

体言の最後の文字にパッチムあり

● 수박이다 スイカだ　→　수박이었습니다 スイカでした
　スバギダ　　　　　　　スバギオッスムニダ

● 귤이 아니다　→　귤이 아니었습니다
　キュリ　アニダ　　　キュリ　アニオッスムニダ
　ミカンではない　　　ミカンではありませんでした

動詞・形容詞・存在詞の해요体の過去形 ⓷ -ㅆ어요 ※-ㅆ아요にはならない

動詞

- 읽다 読む 　_{イクッタ}　읽[다＋어]＋-ㅆ어요 　→　읽었어요 読みました 　_{イルゴッソヨ}

形容詞

- 작다 小さい 　_{チャクッタ}　작[다＋아]＋-ㅆ어요 　→　작았어요 小さかったです 　_{チャガッソヨ}

存在詞

- 없다 ない 　_{オプッタ}　없[다＋어]＋-ㅆ어요 　→　없었어요 ありませんでした 　_{オプソッソヨ}

指定詞の해요体の過去形

이다は体言の最後の文字にパッチムがあれば-이었어요、なければ-였어요と形が変わります。아니다は-이/가 아니었요の形だけです。

体言の最後の文字にパッチムなし

- 아파트이다 マンションだ 　_{アパトゥイダ}　→　아파트였어요 マンションでした 　_{アパトゥヨッソヨ}

体言の最後の文字にパッチムあり

- 거울이 아니다 鏡ではない 　_{コウリ　アニダ}　→　거울이 아니었어요 鏡ではありませんでした 　_{コウリ　アニオッソヨ}

尊敬の해요体の過去形 ⓶ -셨어요

나가다 　_{ナガダ}　→　나가시다 　_{ナガシダ}　→　나가셨어요 お出かけになりました 　_{ナガショッソヨ}
出かける 　　　お出かけになる
└-시-＋ㅆ어요で-셨어요

갈아입다 　_{カライプタ}　→　갈아입[으]시다 　_{カライプシダ}　→　갈아입으셨어요 　_{カライブショッソヨ}
着替える 　　　お着替えになる 　　　お着替えになりました

1 次の語を( )内の過去形に直し文を完成させましょう。

① 하다　する　（해요体）
아침까지 친구하고 이야기를＿＿＿＿＿＿.
朝まで友達と話をしました。

② 있다　いる　（해요体）
영희 씨는 일요일까지 우리집에＿＿＿＿＿＿.
ヨンヒさんは日曜まで私の家にいました。

③ 사다　買う　（합니다体）
어제 백화점에서 양복을＿＿＿＿＿＿.
昨日、百貨店でスーツを買いました。

④ 먹다　食べる　（합니다体）
동대문에서 닭한마리를＿＿＿＿＿＿?
東大門市場でタッカンマリを食べましたか。

2 次の語を尊敬の過去形にしたうえで합니다体にし、文を完成させましょう。

① 읽다　読む
아침 신문을＿＿＿＿＿＿?　今朝の新聞をお読みになりましたか。

② 하다　する
선생님은 이침까지 일을＿＿＿＿＿＿.
先生は朝までお仕事をなさいました。

3 次の語を尊敬の過去形にしたうえで해요体にし、文を完成させましょう。

① 전화하다　電話する
정희진 씨에게＿＿＿＿＿＿?　チョン・ヒジンさんに電話なさいましたか。

② 있다　いる
사장님께서 연락이＿＿＿＿＿＿?　社長からご連絡がございましたか。

❶

① 아침까지 친구하고 이야기를 <u>했어요</u>.

◆ ③-ㅆ어요をつなぎます。

② 영희 씨는 일요일까지 우리집에 <u>있었어요</u>.

◆있다の前の母音が陰母音なので어をつなぎ、活用 ③-ㅆ어요をつなぎます。

③ 어제 백화점에서 양복을 <u>샀습니다</u>.

◆사다（買う）を活用 ③ にする場合은 사아が同化して사になり、そこに過去形の ③-ㅆ습니다をつなぎます。

④ 동대문에서 닭한마리를 <u>먹었습니다</u>.

◆닭한마리の直訳は「ニワトリ一羽」です。

❷

① 아침 신문을 <u>읽으셨습니까</u>?

◆尊敬·過去形·합니다体の語尾は ②-셨습니다です。疑問形は ②-셨습니까?です。

② 선생님은 이침까지 일을 <u>하셨습니다</u>.

◆尊敬語시다の過去形は全て셨다です。

❸

① 정희진 씨에게 <u>전화하셨어요</u>?

◆尊敬·過去形·해요体の語尾は ②-셨어요です。

② 사장님께서 연락이 <u>있으셨어요</u>?

◆있다の尊敬語있으시다の過去形は있으셨다です。

129

理由と先行動作の2つの意味がある活用 **3** -서と、丁寧な命令形の活用
2 -세요を学びます。

🎧45

❶ 왜 어제 회사에 안 오셨어요?

ウェ　オジェ　　フェサエ　　　アノショッソヨ

なぜ｜昨日｜会社｜に｜いらっしゃらなかったのですか

---

❷ 손을 다쳐서 못 왔어요.

ソヌル　タッチョソ　モダッソヨ

手｜を｜怪我｜して｜来られませんでした

▶ 다쳐서 : 理由を表す **3** -서

---

❸ 병원에는 가셨어요?

ピョンウォネヌン　カショッソヨ

病院｜に｜は｜行か｜れましたか

---

❹ 못 갔어요.

モッ　カッソヨ

行けませんでした

---

❺ 병원에 가서 진찰 받으세요.

ピョンウォネ　カソ　チンチャル　パドゥセヨ

病院｜に｜行｜って｜診察｜お受けください

▶ 가서 : 先行動作を表す **3** -서　받으세요 : 丁寧な命令形の語尾 **2** -세요

学習ポイント	☑ 前の文が後ろの文の理由や原因になる接続の仕方
	☑ 丁寧な命令形

손을 다쳐서 못 왔어요.

❶ なぜ昨日、会社にいらっしゃらなかったのですか。

❷ 手を怪我して来られませんでした。

❸ 病院には行かれましたか。

❹ 行けませんでした。

❺ 病院に行って診察(を)お受けください。

☞新出単語

46

- □ 손 _{ソン} 手
- □ 다치다 _{タッチダ} 怪我をする
- □ 병원 _{ビョンウォン} 病院(㊌病院)
- □ 진찰 _{チンチャル} 診察(㊌診察) ＊진찰(을) 받다(診察を受ける)

☞補充単語

- □ 고장나다 _{コジャンナダ} 故障する(㊌故障-)
- □ 쉬다 _{スィダ} 休む
- □ 손잡이 _{ソンチャビ} 手すり
- □ 잡다 _{チャプタ} つかむ、握る
- □ 줄 _{チュル} 列、ひも

公式 31 活用3 -서は理由・原因を表す

　3-서は前の文が後ろの文の理由・原因になるときに使われます。2-니까と似た働きです。3-서の前の文は常に現在形で、文末の語尾で全体の過去・現在・未来を表します。

動詞・形容詞・存在詞 -서-

> ● 動詞　고장나다 故障する　→　고장나서

　スマトゥポニ　　コジャンナソ　　ヨルラッカル ス　オプスムニダ
스마트폰이 고장나서 연락할 수 없습니다.
スマホが壊れて連絡できません。

> ● 形容詞　비싸다 （値段が）高い　→　비싸서

　ノム　ピッサソ　モッ サッソョ
너무 비싸서 못 샀아요. （値段が）高すぎて買えませんでした。
　　　└文末が過去形でも、3-서の前は常に現在形

> ● 存在詞　열이 있다 熱がある　→　열이 있어서

　ヨリ　イッソソ　ハッキョルル シゲッスムニダ
열이 있어서 학교를 쉬겠습니다. 熱があるので学校を休みます。

指定詞 （이)라서 / 아니라서

　이다と3-서の組み合わせでは、(이)라서 / 아니라서のように라が入ります。(이)라서は、前に来る体言の最後の文字にパッチムがあれば-이라서を使い、なければ이を省略した-라서を使います。

ドンヨンウン　チングラソ　チャジュ マンナムニダ
동용은 친구라서 자주 만납니다. ドンヨンは友人なのでしょっちゅう会います。

ネイルン　ヒュイリラソ　シュィゲッスムニダ
내일은 휴일이라서 쉬겠습니다. 明日は休日なので休みます。

ヒュイリ　アニラソ　ハッキョエ カムニダ
휴일이 아니라서 학교에 갑니다. 休日ではないので学校に行きます。

公式 32 「動詞＋活用 3 -서」は先行動作も表す

3 -서は「Aをして（から）Bをする」という文をつくることもできます。1 -고と違うのは、1 -고が単純な列挙であるのに対して、3 -서は前の文が後の文の前提条件になることです。

● 動詞　**회사에 가다** 会社に行く　→　**회사에 가서**

<ruby>이번<rt>イボン</rt></ruby> <ruby>주<rt>チュ</rt></ruby> <ruby>토요일에는<rt>トヨイレヌン</rt></ruby> <ruby>회사에<rt>フェサエ</rt></ruby> <ruby>가서<rt>カソ</rt></ruby> <ruby>일을<rt>イルル</rt></ruby> <ruby>합니다<rt>ハムニダ</rt></ruby>.
이번 주 토요일에는 회사에 가서 일을 합니다.
今週の土曜日は会社に行って仕事をします。

● 動詞　**만나다** 会う　→　**만나서**

<ruby>오늘<rt>オヌル</rt></ruby> <ruby>오후에<rt>オフエ</rt></ruby> <ruby>김<rt>キム</rt></ruby> <ruby>선생님을<rt>ソンセンニムル</rt></ruby> <ruby>만나서<rt>マンナソ</rt></ruby> <ruby>이야기를<rt>イヤギルル</rt></ruby> <ruby>합니다<rt>ハムニダ</rt></ruby>.
오늘 오후에 김 선생님을 만나서 이야기를 합니다.
今日の午後、キム先生に会って話をします。

✓ 「（人に）会う」と言うときの動詞만나다（会う）は、助詞に-에ではなく-를/-을を使います。間違えやすいので注意しましょう。

公式 33 丁寧な命令形は活用 3 -십시오 / -세요でつくる

「～してください/～なさいませ」のような丁寧な命令形は、<ruby>합니다<rt>ハムニダ</rt></ruby>体では 2 -<ruby>십시오<rt>シプシオ</rt></ruby>を、<ruby>해요<rt>ヘヨ</rt></ruby>体では 2 -<ruby>세요<rt>セヨ</rt></ruby>を使います。目上の人や礼儀正しく振る舞うべき相手に対して使う命令形です。

<ruby>손잡이을<rt>ソンチャビルル</rt></ruby> <ruby>잡으십시오<rt>チャブシプシオ</rt></ruby>. / <ruby>잡으세요<rt>チャブセヨ</rt></ruby>. 手すりにおつかまりください。
손잡이을 잡으십시오. / 잡으세요. 手すりにおつかまりください。

<ruby>줄을<rt>チュルル</rt></ruby> <ruby>서서<rt>ソソ</rt></ruby> <ruby>기다리십시오<rt>キダリシプシオ</rt></ruby>. / <ruby>기다리세요<rt>キダリセヨ</rt></ruby>. 列に並んでお待ちください。
줄을 서서 기다리십시오. / 기다리세요. 列に並んでお待ちください。

第13課

1 次の語を**3**서に直して、文を完成させましょう。

① 많다　多い

일이＿＿＿＿＿＿＿바쁩니다. 仕事が多くて忙しいです。

② 늦다　遅い

약속 시간에＿＿＿＿＿＿죄송합니다. 約束の時間に遅れて
すみません。

③ 만나다　会う

선생님을＿＿＿＿＿＿＿의논했습니다. 先生に会って相談しました。

④ 한가하다　暇だ

너무＿＿＿＿＿＿죽겠어요. あまりにも暇で死にそうです。

⑤ 없다　ない

시간이＿＿＿＿＿＿숙제를 못 했어요.

時間がなくて宿題をできませんでした。

⑥ 오다　来る

박신영 씨는 아침에 여기에＿＿＿＿＿＿＿

이 서류를 두고 갔어요.

パク・シニョンさんは朝ここに来て、この書類を置いて行きました。

⑦ 잊다　忘れる

약속을 깜박＿＿＿＿＿＿못 갔어요.

約束をうっかり忘れて行けませんでした。

2 （　）の語を指定の形にして尊敬命令の文をつくりましょう。

① **2**-십시오

이 의자에＿＿＿＿＿.
　　　　　（앉다）

この椅子にお座りください。

② **2**-세요

내일까지 꼭＿＿＿＿＿.
　　　　　　　（신청하다）

明日までに必ず申し込みをしてください。

正解・解説

1

① **일이 많아서 바쁩니다.**

◆많다の語幹末の母音が ㅏ なので아서をつなぎます。

② **약속 시간에 늦어서 죄송합니다.**

◆늦다の語幹末の母音が ㅡ なので어서をつなぎます。

③ **선생님을 만나서 의논했습니다.**

◆만나다の語幹末の母音が ㅏ なので아서をつなぎます。同じ母音は同化して서になります。

④ **너무 한가해서 죽겠어요.**

◆한가하다の場合は特殊な変化をして해서になります。너무には「あまりにも」という意味があり、次の用言と組み合わさると「〜すぎる」という意味になります。

⑤ **시간이 없어서 숙제를 못 했어요.**

◆없다の語幹末の母音が ㅓ なので어서をつなぎます。

⑥ **박신영 씨는 아침에 여기에 와서 이 서류를 두고 갔어요.**

◆오다の語幹末の母音が ㅗ なので아서をつないでから縮約すると合成母音와서になります。

⑦ **약속을 깜박 잊어서 못 갔어요.**

◆잊다の語幹末の母音が ㅣ なので어서をつなぎます。

2

① **이 의자에 앉으십시오.**

◆앉다の語幹末にパッチムがあるので으を付けてから십시오をつなぎます。

② **내일까지 꼭 신청하세요.**

◆신청하다の語幹末にパッチムがないので세요をつなぎます。

「～してくれる／～してあげる」という行為の授受を表す活用 **3**-주다と、
「～しに…」という目的を表す活用 **2**-러を学びます。

🎧48

❶ **한국에 유학 가고 싶어요?**
　ハングゲ　　ユハク　　カゴ　　シポヨ

| 韓国｜に | 留学 | 行き | たいですか |

---

❷ **네. 한국말을 가르쳐 주세요.**
　ネ　　ハングンマルル　　カルチョ　　ジュセヨ

| はい | 韓国語｜を | 教えて | ください |

▶가르쳐 주세요：動詞가르치다＋「～してくれる」を表す **3**-주다＋**2**-세요

---

❸ **가르쳐 주겠어요.**
　カルチョ　　ジュゲッソヨ

| 教えて | あげます |

▶주겠어요：「～してあげる」を表す **3**-주다＋**1**-겠어요

---

❹ **우리 집에 배우러 와요.**
　ウリ　チベ　　ペウロ　　ワヨ

| 私（の） | 家｜に | 習い｜に | 来てください |

▶배우러：動詞배우다＋「～（し）に」を表す **2**-러

한국말을 가르쳐 주세요.

① 韓国に留学したいですか。

② はい。韓国語を教えてください。

③ 教えてあげます。

④ 私の家に習いに来てください。

第14課

☞新出単語

🎧49

□ 유학 ^{ユハク} 留学（漢留学） ＊留学の後の動詞は하다（する）よりも가다（行く）を使うのが一般的。

□ 가르치다 ^{カルチダ} 教える   □ 배우다 ^{ペウダ} 習う、教わる

☞補充単語

□ 카페 ^{カペ} カフェ   □ 용서하다 ^{ヨンソハダ} 許す（漢容恕-）

□ 선물 ^{ソンムル} プレゼント、贈り物（漢膳物）   □ 아이 ^{アイ} 子ども

□ 그림책 ^{クリムチェク} 絵本（漢-冊）   □ 읽다 ^{イクタ} 読む

公式 34　行為の授受の表現には 活用3 -주다を使う

　주다は「くれる／あげる」を表す動詞です。韓国語では「くれる」も「あげる」も주다で表します。주다には動詞としての役割以外に活用3 の語尾という役割もあります。語尾としての3 -주다は「～してくれる」「～してあげる」という表現をつくります。3 -주다の前は分かち書きをします。

「～してくれる」

● 기다리다 待つ　→　기다려 주다

ヨガペ　カペエソ　キダリョ　ジュセヨ
역 앞의 카페에서 기다려 주세요. 駅前のカフェで待っていてください。
　　　　　　└ 語尾に 2 -세요を付けた形

● 용서하다 許す　→　용소해 주다

ヨンソヘ　ジュシプシオ
용서해 주십시오. 許してください。
　　　└ 語尾に 2 -ㅂ시오を付けた形

● 사다 買う　→　사 주다

オッパガ　センイル　ソンムルル　サ　ジュオッソヨ
오빠가 생일 선물을 사 주었어요. 兄さんが誕生日のプレゼントを買ってくれました。
　　　　　　　└ 語尾に 3 -ㅆ어요を付けた形

● 오다 来る　→　와 주다

オヌルン　ワ　ジュオソ　カムサハムニダ
오늘은 와 줘서 감사합니다. 今日は来てくれてありがとうございます。
　　└ 3 -서を付けて省略した形

「～してあげる」

● 읽다 読む　→　읽어 주다

アイエゲ　クリムチェグル　イルゴ　ジュムニダ
아이에게 그림책을 읽어 줍니다. 子どもに絵本を読んであげます。
　　　　　　└ 語尾に 1 -ㅂ니다を付けた形

「～しに…」は活用 2 -러で表す

2 -러は「～しに…」という動作の目的を表します。2 -러の後ろには가다
(行く) や오다 (来る) などの移動を表す動詞が使われます。

● **보다** 見る → **보러**

イリョイレヌン　ヨンファルル　ボロ　カッソヨ
일요일에는 영화를 보러 갔어요. 日曜日には映画を見に行きました。

● **먹다** 食べる → **먹으러**

バム　モグロ　カヨ
밥 먹으러 가요. ごはん (を) 食べに行きます。

✓ 会話では**밥(을) 먹으러**のように助詞を省略することができます。上の例文で
は助詞が省略されたことで**밥**と**먹**の間で発音変化が起こることに注意しま
しょう。

● **만나다** 会う → **만나러**

クヮジャンニムン　ソンニムル　マンナロ　パッケ　ナガショッソヨ
과장님은 손님을 만나러 밖에 나가셨어요.

課長はお客様に会いに出かけられました。

COLUMN

韓国マメ知識
12

2 -ㄹ게요でカジュアルに

"주겠어요." (あげます) の意思を表す겠の代わりによく使われ
るのが 2 -ㄹ게요で、"줄게요." と言うことで「あげるね」のよう
にカジュアルで優しい語尾になります。

1 次の語を、**3**-주다を使い、（ ）内の指示どおりの形にして文を完成させましょう。

① 설명하다　説明する　（尊敬形の依頼文／語尾は**3**-요）

처음부터＿＿＿＿＿＿＿＿＿＿＿＿＿＿＿. 初めから説明してください。

② 오다　来る　（尊敬形の依頼文／語尾は**3**-요）

내일 2 시까지 학교에＿＿＿＿＿＿＿＿＿＿＿＿＿＿＿＿ 明日2時までに学校に来てください。

③ 보이다　見せる　（尊敬形の依頼文／語尾は**3**-요）

계약서를＿＿＿＿＿＿＿＿＿＿＿＿＿＿＿. 契約書を見せてください。

④ 밥을 사다　ごはんをおごる　（カジュアルな依頼文／語尾は**3**-요）

밥을＿＿＿＿＿＿＿＿＿＿＿＿＿. ごはんをおごってください。

⑤ 연락하다　連絡する　（尊敬形の授受表現／**3**-서）

미리＿＿＿＿＿＿＿＿＿＿＿＿＿＿ 감사합니다.

あらかじめ連絡してくださりありがとうございます。

⑥ 안부 전하다　よろしく伝える　（尊敬形の依頼文／語尾は**3**-요）

부모님께 안부를＿＿＿＿＿＿＿＿＿＿＿＿＿＿.

ご両親によろしくお伝えください。

⑦ 결혼하다　結婚する　（尊敬形の依頼文／語尾は**3**-요）

유진 씨,＿＿＿＿＿＿＿＿＿＿＿＿＿＿＿. ユジンさん、結婚してください。

2 次の語を**2**-러を使って活用して文を完成させましょう。

① 마시다　飲む

일이 끝나면 술을＿＿＿＿＿＿＿가요. 仕事が終わったらお酒を飲みに行きます。

② 보다　見る

연극을＿＿＿＿＿＿＿대학로에 갔어요. 演劇を観に大学路に行きました。

③ 찾다　（お金を）下ろす

돈을＿＿＿＿＿＿＿은행에 가요. お金を下ろしに銀行に行きます。

1

① **처음부터 설명해 주세요.**

◆依頼文は活用**3**なので、하다は해に変化します。

② **내일 2 시까지 학교에 와 주세요.**

◆2 시の読み方は두 시です。

③ **계약서를 보여 주세요.**

◆보이다（見せる、見える）。

④ **밥을 사 줘요.**

◆줘요는주어요を縮めた形。

⑤ **미리 연락해 줘서 감사합니다.**

◆**3**-주다に直してから**3**-서を付けます。

⑥ **부모님께 안부를 전해 주세요.**

◆안부를 전하다で「よろしく伝える（安否を伝える）」という意味です。

⑦ **유진 씨, 결혼해 주세요.**

◆결혼（結婚）の反対語は이혼（離婚）。

2

① **일이 끝나면 술을 마시러 가요.**

◆韓国語では、약（薬）には먹다（食べる）を使いますが、술（お酒）にも먹다（食べる）を使えます。

② **연극을 보러 대학로에 갔어요.**

◆地下鉄1号線の（大学路）周辺には大小合わせて200ほどの劇場があると言われています。

③ **돈을 찾으러 은행에 가요.**

◆돈을 찾다で「お金を下ろす」という意味です。

動作が進行中であることを表す活用**1**-고 있다と、完了した動作が現在
も継続している状態を表す活用**3**-있다を学びます。あわせて、親しい
間柄で使う意思表示の語尾**2**-ㄹ게요も覚えましょう。

🎧51

① 저는 명동에 와 있어요.
チョヌン　ミョンドンエ　ワ　イッソヨ

私｜は　　明洞｜に　　来て　　います

▶와 있어요：動詞오다＋動作の完了状態を表す**3**-있다＋**3**-요

② 저도 명동에 가고 있어요.
チョド　ミョンドンエ　カゴ　イッソヨ

私｜も　　明洞｜に　　行って｜います

▶가고 있어요：動詞가다＋動作が進行中であることを表す**1**-고 있다＋**3**-요

③ 카페에 있으니까 와요.
カペエ　イッスニッカ　ワヨ

カフェ｜に　　いる｜から　　来てください

④ 거기로 갈게요.
コギロ　カルケヨ

そこ｜に　　行き｜ますね

▶갈게요：動詞가다＋親しい間柄で使う意思表示の語尾**2**-ㄹ게요

✓ 意志を表す語尾として**1**겠-（公式27）を学びましたが、**2**-ㄹ게요は親しい間柄で
　よりカジュアルに意志を示す語尾です。

学習ポイント

☑ 現在進行形「〜している(途中)」
☑ 現在完了形「(すでに)〜している」

저는 명동에 와 있어요.

① 私は明洞(ミョンドン)に来ています。

② 私も明洞に向かっています。

③ カフェにいるから来てください。

④ そこに行きますね。

☞新出単語

🎧 52

□ **명동** ㊀明洞
  ミョンドン

☞補充単語

□ **갖다** 持つ ＊가지다の縮約形
  カッタ

□ **지갑** 財布
  チガプ

□ **꽃꽂이** 華道、生け花
  ッコッコジ

□ **꺼지다** 消える
  ッコジダ

□ **의자** 椅子(㊀椅子)
  ウィジャ

公式 36 活用**1**-고 있다は現在進行形を表す

　動詞に**1**-고 <ruby>있다<rt>イッタ</rt></ruby>を付けると、その動作が進行中であることを表します。また、仕事や習い事といった、繰り返している行為に対しても使います。尊敬語にしたいときは<ruby>있다<rt>イッタ</rt></ruby>を<ruby>계시다<rt>ケシダ</rt></ruby>にします。

● 갖다 持つ　→　**갖고 있다**

<ruby>지갑은<rt>チガブン</rt></ruby> <ruby>제가<rt>チェガ</rt></ruby> <ruby>갖고<rt>カッコ</rt></ruby> <ruby>있어요<rt>イッソヨ</rt></ruby>. 財布は私が持っています。
　　　　　　　└ 해요体にした形

✓ 갖다는 가지다の口語体。

● 하다 する　→　**하고 있다**

<ruby>지금<rt>チグム</rt></ruby> <ruby>뭘<rt>ムォル</rt></ruby> <ruby>하고<rt>ハゴ</rt></ruby> <ruby>있어요<rt>イッソヨ</rt></ruby>? 今、何をしていますか。

✓ 뭘は무엇을を縮めた言い方です。

● 배우다 習う　→　**배우고 있다**

<ruby>저는<rt>チョヌン</rt></ruby> <ruby>꽃꽂이를<rt>ッコッコジルル</rt></ruby> <ruby>배우고<rt>ベウゴ</rt></ruby> <ruby>있어요<rt>イッソヨ</rt></ruby>. 私は華道を習っています。

● 오다 来る　→　**오고 있다**

<ruby>선생님은<rt>ソンセンニムン</rt></ruby> <ruby>학교에<rt>ハッキョエ</rt></ruby> <ruby>오고<rt>オゴ</rt></ruby> <ruby>계세요<rt>ケセヨ</rt></ruby>. 先生は学校に向かっていらっしゃいます。
　　　　　　　└ 尊敬語にした形

公式 37 活用3 -있다は動作が完了して継続している状態を表す

　動詞に3 -있다^{イッタ}を付けると、その動作がすでに完了し、今も続いている状態を表します。3 -있다の前は分かち書きをします。尊敬語にしたいときは있다を계시다^{ケシダ}にします。

- 꺼지다 消える　→　꺼져 있다

불이 꺼져 있어요.
<small>プリ　ッコジョ　イッソヨ</small>　明かりが消えています。(すでに消えた状態)
　　└ 해요体にした形

- 앉다 座る　→　앉아 있다

아이들이 의자에 앉아 있어요.
<small>アイドゥリ　ウィジャエ　アンジャ　イッソヨ</small>　子どもたちが椅子に座っています。
　　　　　　　　　　　　　　　　(すでに座った状態)

- 오다 来る　→　와 있다

선생님은 학교에 와 계세요.
<small>ソンセンニムン　ハッキョエ　ワ　ケセヨ</small>　先生は学校に来ていらっしゃいます。
　　　　　　　　　　↑　　　　　(すでに来て、そこにいる状態)
　　　　　尊敬語にして해요体にした形

- 출장 가다 出張に行く　→　출장 가 있다

과장님은 부산에 출장 가 있어요.
<small>クッジャンニムン　ブサネ　チュルジャン　カ イッソヨ</small>　課長は釜山に出張に行っています。
　　　　　　　　　　　　　　　　　(すでに行って、そこにいる状態)

COLUMN

韓国マメ知識 13

現在進行形の使い方

　日本語では現在進行形を頻繁に使いますが、韓国語ではリアルタイムのときに使うことがほとんどです。例えば、友人に電話をかけて"지금 뭐 해요?"^{チグム ムォ ヘヨ}(今、何してるの?)、"밥 먹고 있어요."^{パム モッコ イッソヨ}(ごはんを食べています)のように使います。

⏱ かんたん10分エクササイズ

1 次の語を **1**-고 있다を使って活用し、文を完成させましょう。

① 숙제를 하다　宿題をする　（語尾は **3**-요）
　동생은 방에서 숙제를＿＿＿＿＿＿. 弟は部屋で宿題をしています。

② 다니다　通う　（尊敬形／語尾は **3**-요）
　할아버지는 일주일에 한번 병원에＿＿＿＿＿.

おじいさんは1週間に1度病院に通っていらっしゃいます。

③ 쓰다　使う　（語尾は **3**-요）
　저는 일본제 컴퓨터를＿＿＿＿＿＿.

私は日本製のコンピューターを使っています。

2 次の語を **3**-있다を使って活用し、文を完成させましょう。

① 남다　残る　（語尾は **3**-요）
　아직 밥이＿＿＿＿＿＿? まだご飯が残っていますか。

② 서다　立つ　（語尾は **3**-요）
　그 사람은 1시간전부터 교문 앞에＿＿＿＿＿.

その人は1時間前から校門の前に立っています。

③ 열리다　開く　（語尾は **3**-요）
　마트는 일요일도 문이＿＿＿＿＿＿. マートは日曜日も開いています。

3 次の語を **2**-ㄹ게요を使って活用し、文を完成させましょう。

① 열심히 하다　一生懸命やる
　힘들지만 일을 열심히＿＿＿＿＿＿.

大変だけれど仕事を一生懸命やります。

② 만들어 주다　つくってあげる
　제가 아침을＿＿＿＿＿＿. 私が朝ごはんをつくってあげますね。

146

1

① 동생은 방에서 숙제를 <u>하고 있어요</u>.

◆韓国語の現在進行形はリアルタイムでしか使わないので、副詞지금^{チグム}（今）とセットで使うことが多いです。

② 할아버지는 일주일에 한번 병원에 <u>다니고 계세요</u>.

◆動詞다니다（通う）は習慣的に繰り返す動作にも使えます。

③ 저는 일본제 컴퓨터를 <u>쓰고 있어요</u>.

◆動詞쓰다（使う）は「愛用する」という意味でも使えます。

2

① 아직 밥이 <u>남아 있어요</u>?

◆남다の語幹末の母音が ㅏ なので아を付けてから있어요をつなぎます。

② 그 사람은 1시간전부터 교문 앞에 <u>서 있어요</u>.

◆서다の語幹末の母音が ㅓ なので어を付け、同じ母音なので同化して서 있어요になります。

③ 마트는 일요일도 문이 <u>열려 있어요</u>.

◆열려 있다（開いている）は「営業している」という意味でも使えます。

3

① 힘들지만 일을 열심히 <u>할게요</u>.

◆열심히は「㉠熱心に」。

② 제가 아침을 <u>만들어 줄게요</u>.

◆「食事をつくる」にはいろいろな表現があります。밥을 만들다（ご飯をつくる）、식사 준비를 하다（食事の準備をする）、요리하다（料理する）。ネイティブは固有語をよく使います。

1 次の語を（　）の指示通りの形にして文を完成させましょう。

① 만나다　会う　（**1**-고 싶다／語尾は**3**-요)

지금도 그 사람을＿＿＿＿＿＿＿＿＿？　今もその人に会いたいですか。

② 놀다　遊ぶ　（**1**-고)

아이들은 많이＿＿＿＿＿＿ 많이 잡니다.

子どもはたくさん遊んで、たくさん眠ります。

2 次の語を（　）の指示通りの形にして文を完成させましょう。

① 가다　行く　（**2**-면)

서울에＿＿＿＿＿＿먼저 동대문시장에 가고 싶습니다.

ソウルに行ったらまず東大門市場に行きたいです。

② 바쁘다　忙しい　（**2**-시-／語尾は합니다体)

아버지께서는 항상＿＿＿＿＿＿＿＿.　お父さんはいつもお忙しいです。

3 次の語を（　）の指示通りの形にし、해요体（**3**-요）で文を完成させましょう。

① 가다　行く　（疑問形)　　　가다　行く　（**1**-고 싶다)

A: 같이＿＿＿＿＿＿＿？　　B: 같이＿＿＿＿＿＿＿＿.

一緒に行きますか。　　　　　一緒に行きたいです。

② 읽다　読む　（**2**-세요)　　이다　〜だ　（疑問形)

A: 이것을＿＿＿＿＿＿＿.　　B: 이것은＿＿＿＿＿＿＿？

これをお読みください。　　　これは説明書ですか。

4 次の語を（　）の文型で活用し、합니다体で文を完成させましょう。

① 쓰다　使う　（A:안+用言／B:**1**-지 않다)

A: 한국의 어학당에서는 일본어를＿＿＿＿＿＿＿.

B: 한국의 어학당에서는 일본어를＿＿＿＿＿＿＿.

韓国の語学堂では日本語を使いません。

② 좋아하다　好きだ　(**1**-지만)
　마시다　飲む　(A:안+用言／B:**1**-지 않다)
　A: 저는 술은＿＿＿＿＿＿＿＿＿＿많이는＿＿＿＿＿＿＿＿＿＿.
　B: 저는 술은＿＿＿＿＿＿＿＿＿＿많이는＿＿＿＿＿＿＿＿＿＿.

　私はお酒は好きですが、たくさんは飲みません。

5 次の語を ( )の文型で活用し、합니다体で文を完成させましょう。

① 사다　買う　(**3**-서)
　그림책을＿＿＿＿＿＿＿＿＿여조카에게 주었습니다.

　絵本を買って姪にあげました。

② 해결하다　解決する　(**2**-ㄹ 수 없었습니다)
　협의를 했지만＿＿＿＿＿＿＿＿＿＿.

　打ち合わせをしましたが解決できませんでした。

6 次の語を ( )の文型で活用し、합니다体で文を完成させましょう。

① 읽다　読む　(**3**-주다)
　어머니, 동화를＿＿＿＿＿＿＿＿＿＿.　お母さん、童話を読んでください。

② 연습하다　練習する　(**2**-러)
　아버지는 골프장에＿＿＿＿＿＿＿＿＿갔어요.

　父はゴルフ場に練習しに行きました。

7 次の語を ( )の文型で活用し、합니다体で文を完成させましょう。

① 보다　見る　(**1**-고 있다)
　요즘 무슨 드라마를＿＿＿＿＿＿＿＿＿＿?　最近、何のドラマを見ていますか。

② 오다　来る　(**3**-있다／-계시다)
　할머니가 서울에＿＿＿＿＿＿＿＿＿＿.

　おばあさんがソウルに来ていらっしゃいます。

③ 가다　行く　(**2**-ㄹ게요)
　제가 먼저＿＿＿＿＿＿＿＿＿＿.　私が先に行きますね。

1 ① 지금도 그 사람을 <u>만나고 싶습니까</u>?

② 아이들은 많이 <u>놀고</u> 많이 잡니다.

◆「遊ぶ」動作と「寝る」動作を並べているので **1**-고を使います。

2 ① 서울에 <u>가면</u> 먼저 동대문시장에 가고 싶습니다.

② 아버지께서는 항상 <u>바쁘십니다</u>.

◆ **2**-시-は尊敬表現をつくります。

3 ① A: 같이 <u>가요</u>?　　　　　B: 같이 가고 <u>싶어요</u>.

② A: 이것을 <u>읽으세요</u>.　　　B: 이것은 <u>설명서예요</u>?

◆ **2**-시-に해요体の語尾 **3**-요を付けた形は **2**-세요です。指定詞이다の해요体は、体言の語末にパッチムがない場合は-예요、パッチムがある場合は-이에요です。

4 ① A: 한국의 어학당에서는 일본어를 <u>안 씁니다</u>.

　　B: 한국의 어학당에서는 일본어를 <u>쓰지 않습니다</u>.

◆안は口語的で直接的なニュアンスの否定で、**1**-지 않다は文語的で丁寧なニュアンスの否定です。어학당(漢語学堂)は韓国の大学付属のランゲージスクールです。

② A: 저는 술은 <u>좋아하지만</u> 많이는 <u>안 마십니다</u>.

　　B: 저는 술은 <u>마시지</u> 많이는 <u>않습니다</u>.

◆많이は「たくさん」という意味の副詞です。ここでは많이는と助詞는を付けて「たくさんは」という表現になっています。

5 ① 그림책을 <u>사서</u> 여조카에게 <u>주었습니다</u>.

◆ **3**-서は、「買って、あげる」のように先行動作を表します。

② 협의를 했지만 <u>해결할 수 없었습니다</u>.

6 ① 어머니, 동화를 <u>읽어 주세요</u>.

② 아버지는 골프장에 <u>연습하러</u> 갔어요.

7 ① 요즘 무슨 드라마를 <u>보고 있습니까</u>?

② 할머니가 서울에 <u>와 계십니다</u>.

◆存在詞있다(いる)の尊敬語は계시다です。

③ 제가 먼저 <u>갈게요</u>.

文法編❸

特殊な活用

第 16 課〜第 22 課

文法編❷では、3つの活用パターンを用いれば、ほとんどの用言の活用ができると説明しました。ところが、それに当てはまらない活用をする「特殊語幹」と呼ばれるものが2種類と、「変格用言」と呼ばれるものが6種類あります。3つのパターンからははずれますが、どれも規則性のある変化をするので難しくありません。しっかり覚えましょう!

特殊な変化をする
「特殊語幹」と「変格用言」

▶ その名の通り、活用の際に通常の3パターンとは違う変化を
する用言のことです。

〈特殊語幹用言〉2種類

| ㄹ語幹 | 語幹末にㄹを持つ動詞・形容詞 |

| 一語幹 | 語幹末に一を持つ一部の動詞・形容詞 |

✓ これらは、特定の場面でそれぞれ専用の活用形を持っています。

〈変格用言〉6種類

| ㄷ変格 | 語幹末にㄷを持つ一部の動詞・形容詞 |

| ㅅ変格 | 語幹末にㅅを持つ一部の動詞・形容詞 |

| ㅂ変格 | 語幹末にㅂを持つ一部の動詞・形容詞 |

| 르変格 | 語幹末に르を持つ一部の動詞・形容詞 |

| 러変格 | 語幹末に러を持つ一部の動詞・形容詞 |

| ㅎ変格 | 語幹末にㅎを持つ一部の形容詞 |

✓ これらは、特定の場面でそれぞれ専用の活用形を持っています。

どんな変化をするのか、いくつか例を見てみましょう。

① ㄹ語幹：変格用言팔다（売る）という動詞を합니다体にしてみます。

パルダ
팔다 売る ≫ バムニダ
팝니다 売ります

팔다の語幹末にあるはずのパッチムㄹがなくなっています。

② ㅡ語幹：特殊語幹예쁘다（きれいだ）という形容詞を해요体にしてみます。

イエップダ
예쁘다 きれいだ ≫ イエッポヨ
예뻐요 きれいです

예쁘다の語幹末の母音の形がㅡからㅓに変わっています。

③ ㄷ変格：変格用言듣다（聞く）という動詞を過去形にしてみます。

トゥッタ
듣다 聞く ≫ トゥロッタ
들었다 聞いた

듣다の語幹末のパッチムの形がㄷからㄹへ変化しています。

　それぞれ、3つの活用パターンのどれにも当てはまらない変化をしていることがわかります。特殊な変化ではありますが、2種類の「特殊語幹」も6種類の「変格用言」も、それぞれに規則性を持った変化をします。

ㄹ語幹の用言の活用について学びます。ㄹ語幹は変化の種類が多いので、例文にあるようなフレーズをまるごと覚えておくとよいでしょう。

🎧 **54**

---

① キムソンセンニムル アシムニッカ
김선생님을 아십니까?

| キム先生｜を | ご存じ｜ですか |

▶ 아십니까：알다（ㄹ語幹）に**2**-십니까を付けた形

---

② ネ チャル アムニダ
네, 잘 압니다.

| はい | よく | 知っています |

▶ 압니다：알다（ㄹ語幹）の합니다体

---

③ ジヒョン ッシルル アセヨ
지현 씨를 아세요?

| ジヒョン | さん｜を | ご存じ｜ですか |

▶ 아세요：알다（ㄹ語幹）に**2**-세요を付けた形

---

④ ネ チャル アラヨ
네, 잘 알아요.

| はい | よく | 知っています |

▶ 알아요：알다（ㄹ語幹）の해요体（**3**-요）

学習ポイント

☑ ㄹ語幹用言の活用の仕方
☑ よく使うㄹ語幹用言

김선생님을 아십니까?

① キム先生をご存じですか。

② はい、よく知っています。

③ ジヒョンさんをご存じですか。

④ はい、よく知っています。

☞新出単語

🎧55

□ ^{アルダ}
알다 知る

☞補充単語

□ ^{イユ}
이유 理由（漢理由）

□ ^{オルグル}
얼굴 顔

□ ^{イヘハダ}
이해하다 理解する（漢理解-）

□ ^{チャッタ}
찾다 探す

公式 38 ㄹ語幹用言は活用すると ㄹが消えることがある

用言の語幹末のパッチムにㄹを持つほとんどの動詞・形容詞を「ㄹ語幹用言」といいます。ㄹ語幹の特徴は2つあります。1）活用 **2** のときに特殊な変化をします。2）特定の子音が後ろに付くとパッチムのㄹが脱落します。

アルダ
알다（知る、分かる）を使って変化を見てみましょう。
　　　活用する前に語尾の다を取ります。

活用 **2** のとき、語幹末にパッチムがあるのに次に으を付けない

● 알 <s>으</s>-면　→　알면

アルミョン　イユルル　アルミョン　イヘガ　テヨ
└×알으면　이유를 알면 이해가 돼요.
理由が（を）分かれば理解できます。

後ろにㄹパッチムで始まる語尾が付くとㄹが脱落する

● 알 -ㄹ 수 없다　→　알 수 없다

アルス　オプタ　イユルル　アルス　オプソヨ
└×알을 수 없다　이유를 알 수 없어요.
理由を知ることができません。

합니다体はㅂ니다 / ㅂ니까を使い、かつㄹが脱落する

● 알 -ㅂ니다　→　압니다

アムニダ　ク サラム　オルグルル　アムニダ
└×알습니다　그 사람 얼굴을 압니다.
その人の顔を知っています。

後ろにㅅで始まる語尾が付くとㄹが取れる　尊敬を表す **2** -시を使う語尾が代表的

● 알 <s>으</s>-십니다　→　아십니다

アシムニダ　ソンハムル　アシムニッカ
└×알으십니까?　성함을 아십니까?
お名前をご存じですか。

後ろにㄴで始まる語尾が付くとㄹが取れる

● 알 <s>으</s>-니까　→　아니까

アニッカ
└×알으니까

オルグルル　アニッカ　チャジュルス　イッソヨ
얼굴을 아니까 찾을 수 있어요. 顔を知っているので探せます。

よく使う ㄹ語幹用言

	活用 **2**	ㄹパッチムで始まる語尾	합니다体	ㅅで始まる語尾	ㄴで始まる語尾
バルダ **팔다** 売る	バルミョン **팔면**	バル ス イッタ **팔 수 있다**	バムニダ **팝니다**	パシムニッカ **파십니까?**	パニッカ **파니까**
マンドゥルダ **만들다** つくる	マンドゥルミョン **만들면**	マンドゥル ス イッタ **만들 수 있다**	マンドゥムニダ **만듭니다**	マンドゥシムニッカ **만드십니까?**	マンドゥニッカ **만드니까**
サルダ **살다** 暮らす、住む	サルミョン **살면**	サル ス イッタ **살 수 있다**	サムニダ **삽니다**	サシムニッカ **사십니까?**	サニッカ **사니까**
ウルダ **울다** 泣く	ウルミョン **울면**	ウル ス イッタ **울 수 있다**	ウムニダ **웁니다**	ウシムニッカ **우십니까?**	ウニッカ **우니까**
ノルダ **놀다** 遊ぶ	ノルミョン **놀면**	ノル ス イッタ **놀 수 있다**	ノムニダ **놉니다**	ノシムニッカ **노십니까?**	ノニッカ **노니까**
トゥルダ **들다** 入る	トゥルミョン **들면**	トゥル ス イッタ **들 수 있다**	トゥムニダ **듭니다**	トゥシムニッカ **드십니까?**	トゥニッカ **드니까**
ヨルダ **열다** 開く	ヨルミョン **열면**	ヨル ス イッタ **열 수 있다**	ヨムニダ **엽니다**	ヨシムニッカ **여십니까?**	ヨニッカ **여니까**
ヒムドゥルダ **힘들다** つらい、大変だ	ヒムドゥルミョン **힘들면**	ヒムドゥル ス イッタ **힘들 수 있다**	ヒムドゥムニダ **힘듭니다**	ヒムドゥシムニッカ **힘드십니까?**	ヒムドゥニッカ **힘드니까**
ボルダ **벌다** 稼ぐ	ボルミョン **벌면**	ボル ス イッタ **벌 수 있다**	ボムニダ **법니다**	ボシムニッカ **버십니까?**	ボニッカ **버니까**

1 次の ㄹ語幹の用言の基本形を（　　）の指示に従って直し、文を完成させましょう。

① 놀다　遊ぶ　（합니다体）

　토요일에는 친구하고_____. 土曜日（に）は友達と遊びます。

② 울다　泣く　（尊敬語　活用**2**-십니다／活用**2**-세요）

　어머니는 옛날 사진을 보면 항상_____.

　母は昔の写真を見るといつもお泣きになります。

③ 벌다　稼ぐ　（不可能形　活用**2**-ㄹ 수 없습니다／活用**2**-ㄹ 수 없어요）

　돈을 많이_____.

　お金をたくさん稼ぐことはできません。

④ 만들다　つくる　（仮定形　活用**2**-면）

　집에서 밥을_____맛있어요.

　家でご飯をつくるとおいしいです。

⑤ 살다　住む　（尊敬語の疑問文　活用**2**-십니까?／活用**2**-세요?）

　유진 씨 부모님께서 어디에_____?

　ユジンさんのご両親はどちらにお住まいですか。

⑥ 힘들다　つらい　（仮定形　活用**2**-면）

　_____좀 쉬세요.

　つらいなら少し休んでください。

⑦ 들다　「食べる」の美化語　（尊敬命令　活用**2**-십시오／活用**2**-세요）

　맛있게_____.

　おいしく召し上がってください。

1

① 토요일에는 친구하고 <u>놉니다</u>.

◆ㄹ語幹は합니다体にするときパッチムㄹが取れます。

② 어머니는 옛날 사진을 보면 항상 <u>우십니다</u>. / <u>우세요</u>.

◆ㄹ語幹は次にㅅが来るとパッチムㄹが取れます。

③ 돈을 많이 <u>벌 수 없습니다</u>. / <u>없어요</u>.

◆ㄹ語幹は次にㄹが来るとパッチムㄹが取れます。

④ 집에서 밥을 <u>만들면</u> 맛있어요.

◆動詞들다には動詞먹다(食べる)の美化語「召し上がる」という意味もあります。맛있게 드십시오./맛있게 드세요.は韓国の食堂では「お待ちどうさま」のようなニュアンスでよく使われます。

⑤ 유진 씨 부모님께서 어디에 <u>사십니까</u>? / <u>사세요</u>?

◆ㄹ語幹は次にㄹが来るとパッチムㄹが取れます。

⑥ <u>힘들면</u> 좀 쉬세요.

◆ㄹ語幹は活用**2**のときはパッチムがあっても次に으が入りません。

⑦ 맛있게 <u>드십시오</u>. / <u>드세요</u>.

◆日本語で言う「お待ちどうさま」の代わりにこの表現を使います。

韓国マメ知識
14

共働きと少子化

　最近の韓国ではフェミニズムの台頭もあり、맡벌이(共働き)〔マッポリ〕、맞벌이부부(共働き夫婦)〔マッポリブブ〕が主流です。その代わりに、少子化が社会問題となっています。

一語幹の用言の特殊な活用について学びます。一語幹の用言の一部は、해요体をつくる **3**-요や過去形をつくる **3**-ㅆ-など、活用**3**のときだけ特殊な変化をします。

🎧**57**

チョムシム　アン　トゥショッソヨ
❶ **점심 안 드셨어요?**

お昼ごはん　　召し上がりませんでしたか

ノム　　バッパソ　　モン　モゴッソヨ
❷ **너무 바빠서 못 먹었어요.**

あまりにも　忙しく｜て　　食べられませんでした

▶바빠서 : 바쁘다（一語幹）+理由・原因を表す **3**-서を付けた形

ペガ　　コッパヨ
❸ **배가 고파요.**

お腹｜が　すいています

▶고파요 : 고프다（一語幹）の해요体（**3**-요）

イゴ　トゥセヨ
❹ **이거 드세요.**

これ　召し上がってください

너무 바빠서 못 먹었어요.

❶ お昼ごはん、召し上がらなかったのですか。

❷ あまりにも忙しくて食べられませんでした。

❸ お腹がすいています。

❹ これ（を）召し上がってください。

☞新出単語　🎧58

☐ **점심** チョムシム 昼食、昼（漢点心）

☐ **배** ベ 腹　＊**고프다** コプダ（お腹が）すく

☐ **너무** ノム とても、あまりにも

☞補充単語

☐ **아프다** アップダ 痛い

☐ **기쁘다** キップダ うれしい

☐ **모으다** モウダ 集める

☐ **크다** クダ 大きい

161

公式 39 ー語幹用言は活用 **3** で ―が ト または ┤ に変わる

語幹末の母音にーを持つ用言のほとんどが「ー語幹用言」で、活用 **3** のときに特殊な変化をします。活用 **1** と **2** では通常のパターンに当てはまります。

ー語幹の前の文字の母音が陽母音 ト、ト、ㅗの場合は、ーが ト に変わる

語幹末ーの前の文字の母音が陽母音 ト、ト、ㅗ であることを確認します。この場合、活用 **3** で母音ーが母音 ト に変化します。

- アップダ
  아프다 痛い　→　**아프→파**+-요　→　アッパヨ **아파요** 痛いです
  └ 直前の文字が陽母音なので、프が파に変わる

- モウダ
  모으다 集める　→　**모으→아**+-요　→　モアヨ **모아요** 集めます
  └ 直前の文字が陽母音なので、으が아に変わる

ー語幹の前の文字が陰母音の場合と語幹が1文字の場合は、ーが ┤ に変わる

語幹末ーの前の文字の母音が ト、ト、ㅗ 以外の陰母音であること、または語幹が1文字であることを確認します。この場合、活用 **3** で母音ーが母音 ┤ に変化します。

- キップダ
  기쁘다 うれしい　→　**기쁘→뻐**+-요　→　キッポヨ **기뻐요** うれしいです
  └ 直前の文字が陰母音なので、쁘が뻐に変わる

- クダ
  크다 大きい　→　**크→커**+-요　→　コヨ **커요** 大きいです
  └ 語幹が1文字なので、크が커に変わる

よく使う―語幹の用言

陽母音の単語	해요体(**3**-요)	합니다体(**1**-ㅂ니다)
ナップダ **나쁘다** 悪い	ナッパヨ **나빠요**	ナップムニダ **나쁩니다**
モウダ **모으다** 集める	モアヨ **모아요**	モウムニダ **모읍니다**
コップダ **고프다** (お腹が)すく	コパヨ **고파요**	コプムニダ **그픕니다**
チャムグダ **잠그다** 鍵をかける	チャムガヨ **잠가요**	チャムグムニダ **잠급니다**
タムグダ **담그다** 漬ける	タムガヨ **담가요**	タムグムニダ **담급니다**

陰母音の単語	해요体(**3**-요)	합니다体(**1**-ㅂ니다)
キップダ **기쁘다** うれしい	キッポヨ **기뻐요**	キップムニダ **기쁩니다**
イェップダ **예쁘다** かわいい	イェッポヨ **예뻐요**	イェップムニダ **예쁩니다**
スルプダ **슬프다** 悲しい	スルポヨ **슬퍼요**	スルプムニダ **슬픕니다**

으の前に文字がない単語	해요体(**3**-요)	합니다体(**1**-ㅂ니다)
ッスダ **쓰다** 書く／使う／苦い	ッソヨ **써요**	ッスムニダ **씁니다**
ットゥダ **뜨다** 浮かぶ	ットヨ **떠요**	ットゥムニダ **뜹니다**
ックダ **끄다** 消す	ッコヨ **꺼요**	ックムニダ **끕니다**

1 次の一語幹の基本形を（　　）の形に直し、文を完成させましょう。

① 쓰다 （過去形　活用**3**-ㅆ습니다）

한국어로 메일을＿＿＿＿＿＿＿＿＿.

韓国語でメールを書きました。

② 나쁘다 （理由　活用**3**-서）

눈이＿＿＿＿＿＿잘 못 보여요.

目が悪くてよく見えません。

③ 슬프다 （理由　活用**3**-서）

＿＿＿＿＿＿＿＿＿눈물이 나와요.

悲しくて涙が出ます。

④ 담그다 （해요体　活用**3**-요）

십일월에 김치를＿＿＿＿＿＿＿.

11月にキムチを漬けます。

⑤ 예쁘다 （해요体　活用**3**-요）

아기가 너무＿＿＿＿＿＿＿.

赤ちゃんが可愛すぎます。

⑥ 기쁘다 （過去形　活用**3**-ㅆ어요）

한국에 유학갈 수 있어서 정말＿＿＿＿＿＿＿.

韓国に留学できて本当に嬉しかったです。

⑦ 끄다 （過去形　活用**3**-ㅆ어요）

자기 전에 텔레비전을＿＿＿＿＿＿＿.

寝る前にテレビを消しました。

1

① 한국어로 메일을 <u>썼습니다</u>.

◆動詞쓰다(書く)は一の直前に文字が何もないので一が ㅓに変化します。

② 눈이 <u>나빠서</u> 잘 못 보여요.

◆形容詞나쁘다(悪い)は一の直前が陽母音ㅏなので一が ㅏに変化します。

③ <u>슬퍼서</u> 눈물이 나와요.

◆形容詞슬프다(悲しい)は一の直前が陰母音一なので一が ㅓに変化します。

④ 십일월에 김치를 <u>담가요</u>.

◆動詞담그다(漬ける)は一の直前が陽母音ㅏなので一が ㅏに変化します。

⑤ 아기가 너무 <u>예뻐요</u>.

◆예쁘다の예の部分が陽母音以外なので쁘が뻐に変化します。

⑥ 한국에 유학갈 수 있어서 정말 <u>기뻤어요</u>.

◆기쁘다の기の部分が陽母音以外なので쁘が뻐に変化します。

⑦ 자기 전에 텔레비전을 <u>껐어요</u>.

◆끄の前に文字が何もないので끄が꺼に変化します。

語幹末にㄷパッチムを持つ用言には「ㄷ変格用言」と「ㄷ正格用言」があります。「ㄷ正格用言」はパターンどおりの活用をしますが、「ㄷ変格用言」は異なる活用をします。

🎧60

① ジミン ッシ テグン ヨゲソ モセヨ
지민 씨 댁은 역에서 머세요?

| ジミン | さん | お宅\|は | 駅\|から | 遠いですか |

---

② アニヨ コロソ シップニエヨ
아니요. 걸어서 10분이에요.

| いいえ | 歩い\|て | 10分\|です |

▶ 걸어서 : 걷다（ㄷ変格）に先行動作を表す **3**-서を付けた形

---

③ ミサキ ッシ チブン ヨゲソ モロヨ
미사키 씨 집은 역에서 멀어요?

| ミサキ | さん | 家\|は | 駅\|から | 遠いですか |

---

④ ネ コルミョン ハン シガン コルリョヨ
네, 걸으면 1 시간 걸려요.

| はい | 歩けば | 1時間 | かかります |

▶ 걸으면 : 걷다（ㄷ変格）に仮定を表す **2**-면を付けた形

걸어서 10분이에요.

❶ ジミンさん（の）お宅は駅から遠いですか。

❷ いいえ。歩いて10分です。

❸ ミサキさん（の）家は駅から遠いですか。

❹ はい、歩けば1時間かかります。

☞新出単語 🎧61

- □ **멀다** モルダ 遠い
- □ **걷다** コッタ 歩く
- □ **걸리다** コルリダ かかる

☞補充単語

- □ **음악** ウマク 音楽（㊐音楽）
- □ **기분이 좋다** キブニ チョッタ 気分がいい（㊐気分-）
- □ **연주회** ヨンジュフェ 演奏会（㊐演奏会）
- □ **클래식** クルレシク クラシック
- □ **노래** ノレ 歌

公式 40 ⊏変格用言は活用 2 3 で ⊏が⊇に変わる

　語幹末に⊏パッチムを持つ一部の用言は活用**2**と**3**で特殊な変化をします。活用**1**では通常の変化をします。これを「⊏変格用言」といいます。語幹末に⊏パッチムを持つ用言には通常の活用パターンに当てはまる「⊏正格用言」もあるので注意しましょう。

トゥッタ
듣다　（聞く）を使って変化を見てみましょう。

活用 2 -면

● 듣→들 으+면　→　들으면 トゥルミョン

└ ⊏パッチムが⊇パッチムに変わるが、
　⊇語幹ではないので活用**2**のときは으が入る

ウマグル　トゥルミョン　キブニ　チョアヨ
음악을 들으면 기분이 좋아요. 音楽を聞くと気分がいいです。

活用 2 -ㄹ 수 있다

● 듣→들 으+ㄹ 수 있다　→　들을 수 있다 トゥルル ス イッタ

└ ⊏パッチムが⊇パッチムに変わるが、
　⊇語幹ではないので活用**2**のときは으が入る

ヨンジュフェエソ　クルレシク　ウマグル　トゥルル ス イッソヨ
연주회에서 클래식 음악을 들을 수 있어요.
演奏会でクラシック音楽を聞くことができます。

活用 3 -ㅆ-

● 듣→들 어+-ㅆ-　→　들었다 トゥロッタ

└ ⊏パッチムが⊇パッチムに変わり들になるので、
　活用**3**のときは陰母音に付く어が選ばれる

ジョングク オッパ　ノレルル　トゥロッソヨ
정국 오빠 노래를 들었어요? ジョングクお兄さんの歌を聞きましたか。

168

	1-습니다	**2**-면	**3**-요
コッタ **걷다** 歩く	コッスムニダ **걷습니다**	コルミョン **걸으면**	コロヨ **걸어요**
シッタ **싣다** 載せる	シッスムニダ **싣습니다**	シルミョン **실으면**	シロヨ **실어요**
キッタ **긷다** 汲む	キッスムニダ **긷습니다**	キルミョン **길으면**	キロヨ **길어요**
ッケダッタ **깨닫다** 悟る	ッケダッスムニダ **깨닫습니다**	ッケダルミョン **깨달으면**	ッケダラヨ **깨달아요**
ムッタ **묻다** たずねる	ムッスムニダ **묻습니다**	ムルミョン **물으면**	ムロヨ **물어요**
ブッタ **붇다** ふやける	ブッスムニダ **붇습니다**	ブルミョン **불으면**	ブロヨ **불어요**
イルコッタ **일컫다** 称する	イルコッスムニダ **일컫습니다**	イルコルミョン **일컬으면**	イルコロヨ **일컬어요**

よく使うㄷ正格用言（正格用言は特殊な変化はしません）

	1-습니다	**2**-면	**3**-요
バッタ **받다** 受け取る	バッスムニダ **받습니다**	バドゥミョン **받으면**	バダヨ **받아요**
タッタ **닫다** 閉める	タッスムニダ **닫습니다**	タドゥミョン **닫으면**	タダヨ **닫아요**
オッタ **얻다** もらう	オッスムニダ **얻습니다**	オドゥミョン **얻으면**	オドヨ **얻어요**
ミッタ **믿다** 信じる	ミッスムニダ **믿습니다**	ミドゥミョン **믿으면**	ミドヨ **믿어요**
ッソッタ **쏟다** こぼす	ッソッスムニダ **쏟습니다**	ッソドゥミョン **쏟으면**	ッソダヨ **쏟아요**
ムッタ **묻다** 埋める	ムッスムニダ **묻습니다**	ムドゥミョン **묻으면**	ムドヨ **묻어요**

第18課

169

1 次の⊏変格活用の基本形を（　　　）の形に直し、文を完成させましょう。

① 듣다 （不可能形　活用**2**-ㄹ 수 없어요）

라디오를 켰지만＿＿＿＿＿＿＿＿＿＿. 고장이에요?

ラジオをつけたけれど聞くことができません。故障ですか。

② 깨닫다 （過去形　活用**3**-ㅆ습니까?）

유학가서 뭘＿＿＿＿＿＿＿＿＿＿＿?

留学して何を悟りましたか。

③ 묻다 （尊敬命令　活用**2**-십시오）

뭐든지＿＿＿＿＿＿＿＿＿＿.

何でもおたずねください。

④ 듣다 （過去形　活用**3**-ㅆ어요）

바빠서 주리 씨 이야기를 못＿＿＿＿＿＿＿＿＿.

忙しくてチュリさんの話を聞けませんでした。

⑤ 붇다 （不可能形　活用**2** ㅆ어요）

라면이 퉁퉁＿＿＿＿＿＿＿＿＿.

ラーメンがすっかりのびてしまいました。

⑥ 싣다 （可能形　疑問文　活用**3**-ㄹ 수 있어요?）

이 짐들을 다 차에＿＿＿＿＿＿＿＿＿?

この荷物を全部車に載せられますか。

⑦ 걷다 （手段　活用**3**-서-）

거기까지＿＿＿＿＿＿＿＿＿갈 수 있어요?

そこまで歩いて行けますか。

1

① 라디오를 켰지만 들을 수 없어요. 고장이에요?

◆ㄷ変格は活用 **2** のときにㄷがㄹに変わりますが、ㄹ語幹ではないのでㄹの前でㄹが取れることはありません。

② 유학가서 뭘 깨달았습니까?

◆活用 **3** のときにもㄷがㄹに変わります。

③ 뭐든지 물으십시오.

◆ㄷがㄹに変わりますが、ㄹ語幹ではないので **2** -십시오を使うときには必ず으を入れます。뭐든지は「何でも」という意味です。

④ 바빠서 주리 씨 이야기를 못 들었어요.

◆ㄷがㄹに変わります。語幹末が陰母音ーなので **3** -ㅆ-につなぐときは어を入れます。

⑤ 라면이 퉁퉁 불었어요.

◆퉁퉁は「ぶよぶよ」という意味です。

⑥ 이 짐들을 다 차에 실을 수 있어요?

◆ㄷがㄹに変わりますが、ㄹ語幹ではないのでㄹの前でもㄹは取れません。

⑦ 거기까지 걸어서 갈 수 있어요?

◆活用 **3** のときにパッチムㄷがㄹに変化します。

語幹末にㅅパッチムを持つ用言には「ㅅ変格用言」と「ㅅ正格用言」があります。「ㅅ正格用言」はパターンどおりの活用をしますが、「ㅅ変格用言」は異なる活用をします。

❶ 감기 나으셨어요?

カムギ　ナウショッショヨ?

風邪　　お治りになり | ましたか

▶나으셨어요 : 낫다(ㅅ変格)に해요体の尊敬+過去形の **2**-셨어요を付けた形

---

❷ 아직 안 나았어요.

アジゥ　アン　ナアッソヨ

まだ　　治りません | でした

▶나았어요 : 낫다(ㅅ変格)に해요体の過去形 **3**-ㅆ어요を付けた形

---

❸ 힘드시겠어요.

ヒムドゥシゲッソヨ

おつら　　そうですね

---

❹ 독감보다 나아요.

トッカムポダ　ナアヨ

インフルエンザ | より　まし | ですよ

▶나아요 : 낫다(ㅅ変格)の해요体(**3**-요)

감기 나으셨어요?

① 風邪（は）治りましたか。

② まだよくなりません。

  *韓国語では「治っていない」という状態を「治りませんでした」と過去形を使って表します。

③ おつらそうですね。

④ インフルエンザよりましですよ。

☞新出単語

- □ ^{カムギ} **감기** 風邪（漢感気）
- □ ^{トッカム} **독감** （インフルエンザなど）重い風邪
- □ ^{ナッタ} **낫다** 治る、ましだ

☞補充単語

- □ ^{チッタ} **짓다** 建てる
- □ ^{オルマナ} **얼마나** いくらくらい、どれくらい
- □ ^{チプ} **집** 家
- □ ^{チャンニョン} **작년** 昨年（漢昨年）

公式 41 　ㅅ変格用言は活用 2 3 でㅅが消える

　語幹末にㅅパッチムを持つ一部の用言は活用 2 と 3 で特殊な変化をします。活用 1 では通常の変化をします。これを「ㅅ変格用言」といいます。語幹末にㅅパッチムを持つ用言には通常の活用パターンに当てはまる「ㅅ正格用言」もあるので注意しましょう。

チッタ
짓다 （建てる）を使って変化を見てみましょう。

活用 2 -면

- 짓 으 +-면 　→ 　지으면 （チウミョン）
  └ ㅅが消えてもパッチムがあるものとして活用するので으が入る

ソウレソ　チブル　チウミョン　オルマナ　トゥロヨ
서울에서 집을 지으면 얼마나 들어요?
ソウルで家を建てるといくらくらいかかりますか。

活用 2 -ㄹ 수 있다

- 짓 으 +-ㄹ 수 있다 　→ 　지을 수 있다 （チウル ス イッタ）
  └ ㅅが消えてもパッチムがあるものとして活用するので으が入る

シボォグォニ　イッスミョン　チウル　ス　イッソヨ
십억원이 있으면 지을 수 있어요.
10億ウォンあれば建てることができます。

過去形 活用 3 -ㅆ

チオッタ
- 지었다
  └ ㅅが消えて어が入る

チャンニョネ　チブル　チオッソヨ
작년에 집을 지었어요. 昨年家を建てました。
　　　　　　　　　　　└ 졌어요にはならないので注意

よく使うヘ変格用言

	1-습니다	**2**-면	**3**-요
^{プッタ}**붓다** 注ぐ、腫れる	^{プッスムニダ}**붓습니다**	^{プウミョン}**부으면**	^{プオヨ}**부어요**
^{クッタ}**긋다** （線を）引く	^{クッスムニダ}**긋습니다**	^{クウミョン}**그으면**	^{クオヨ}**그어요**
^{イッタ}**잇다** つなぐ	^{イッスムニダ}**잇습니다**	^{イウミョン}**이으면**	^{イオヨ}**이어요**
^{ジョッタ}**젓다** かき回す	^{ジョッスムニダ}**젓습니다**	^{ジョウミョン}**저으면**	^{ジョオヨ}**저어요**
^{チッタ}**짓다** 建てる、炊く、つくる	^{チッスムニダ}**짓습니다**	^{チウミョン}**지으면**	^{チオヨ}**지어요**

よく使うヘ正格用言（正格用言は特殊な変化はしません）

	1-습니다	**2**-면	**3**-요
^{ウッタ}**웃다** 笑う	^{ウッスムニダ}**웃습니다**	^{ウスミョン}**웃으면**	^{ウソヨ}**웃어요**
^{ポッタ}**벗다** 脱ぐ	^{ポッスムニダ}**벗습니다**	^{ポスミョン}**벗으면**	^{ポソヨ}**벗어요**
^{ッシッタ}**씻다** 洗う	^{ッシッスムニダ}**씻습니다**	^{ッシスミョン}**씻으면**	^{ッシソヨ}**씻어요**
^{ッペアッタ}**빼앗다** 奪う	^{ッペアッスムニダ}**빼앗습니다**	^{ッペアスミョン}**빼앗으면**	^{ッペアサヨ}**빼앗아요**

1 次の変格活用の基本形を（　）の形に直し文を完成させましょう。

① 짓다 （過去形　活用 **3**-ㅆ어요）
　　집에서 밥을＿＿＿＿＿＿＿.

家でご飯を炊きました。

② 젓다 （理由　活用 **3**-서）
　　＿＿＿＿＿＿＿＿드세요.

かき回して召し上がれ。

③ 붓다 （過去　活用 **3**-ㅆ어요）
　　왜 그렇게 눈이＿＿＿＿＿＿?　울었어요?

なぜそんなに目が腫れているのですか。泣いたのですか。

④ 붓다 （過去　活用 **3**-ㅆ어요）
　　맥주를 잔에 가득히＿＿＿＿＿＿＿.

ビールをグラスになみなみと注ぎました。

⑤ 낫다 （해요体　活用 **3**-요）
　　그것보다 이 디자인이 더＿＿＿＿＿＿.

それよりこのデザインがましです。

⑥ 낫다 （仮定形　活用 **2**-면）
　　감기가＿＿＿＿＿＿＿제주도에 여행가고 싶어요.

風邪が治ったら済州島に旅行したいです。

⑦ 잇다 （過去形　活用 **3**-ㅆ어요）
　　A점과 B점을 직선으로＿＿＿＿＿＿＿.

A点とB点を直線で結びました。

正解・解説

1

① 집에서 밥을 <u>지었어요</u>.

◆ㅅ変格用言は活用 **3** のときにㅅパッチムが取れますが、パッチムはそのままあると考えます。語幹末の母音が陰母音ㅣなので次にはㅓをつなぎます。

② <u>저어서</u> 드세요.

◆パッチムはあると考えるので、語幹末の母音が陰母音ㅓであることを確認してから次にㅓをつなぎます。

③ 왜 그렇게 눈이 <u>부었어요</u>? 울었어요?

◆붓다の語幹末の母音がㅜ（陽母音以外）なのでパッチムㅅを取ってからㅓをつなぎます。

④ 맥주를 잔에 가득히 <u>부었습니다</u>.

◆붓다（腫れる）と同音異義語です。

⑤ 그것보다 이 디자인이 더 <u>나아요</u>.

◆活用 **2** でもㅅパッチムが取れますが、パッチムがあると考えてㅏを入れます。

⑥ 감기가 <u>나으면</u> 제주도에 여행하고 싶어요.

◆낫다のㅅ変格活用は活用 **2** のときにパッチムㅅを取ってㅇをつなぎます。

⑦ A점과 B점을 직선으로 <u>이었어요</u>.

◆잇다の語幹末の母音がㅣ（陽母音以外）なのでパッチムㅅを取ってからㅓをつなぎます。

COLUMN

\韓国マメ知識/
15

韓国語には同音異義語が多い

漢字を語源とした漢字語があっても漢字表記をしないため、同音異義語が多いのが韓国語の特徴です。漢字を持たない固有語にも同音異義語が多く、짓다という単語には「建てる」「炊く」「つくる」の他にも결정짓다（決定する）^{キョルチョンチッタ}、농사짓다（農業をする）^{ノンサチッタ}、죄를 짓다（罪を犯す）^{チェルル チッタ}など、さまざまな意味があります。

語幹末に ㅂ パッチムを持つ用言には「ㅂ変格用言」と「ㅂ正格用言」が
あります。「ㅂ正格用言」はパターンどおりの活用をしますが、「ㅂ変格
用言」は異なる活用をします。

🎧 66

❶ **만나서 반가워요.**

マンナソ / バンガウォヨ

| 会え | て | | うれしい | です |

▶ 반가워요 : 반갑다（ㅂ変格）の해요体（ **3** -요）

❷ **초대해 줘서 고마워요.**

チョデヘ / ジョォソ / コマウォヨ

| 招待して | くれて | | ありがとうござい | ます |

▶ 고마워요 : 고맙다（ㅂ変格）の해요体（ **3** -요）

❸ **한국말이 어려워요?**

ハングンマリ / オリョウォヨ

| 韓国語 | が | | 難しい | ですか |

▶ 어려워요 : 어렵다（ㅂ変格）の해요体（ **3** -요）

❹ **어렵지만 재미 있어요.**

オリョプチマン / チェミ / イッソヨ

| 難しい | けれど | | 面白い | | です |

▶ 어렵지만 : 어렵다（ㅂ変格）に逆接を表す **1** -지만を付けた形

만나서 반가워요.

① お会いできてうれしいです。
② 招待してくれてありがとうございます。
③ 韓国語が（は）難しいですか。
④ 難しいけれど面白いです。

第20課

☞新出単語 🎧67

□ ^{バンガプタ}반갑다 うれしい   □ ^{チョデハダ}초대하다 招待する（漢招待-）   □ ^{コマプタ}고맙다 ありがたい

□ ^{オリョプタ}어렵다 難しい   □ ^{チェミイッタ}재미있다 おもしろい

☞補充単語

□ ^{トプタ}덥다 暑い   □ ^{チャンムン}창문 窓（漢窓門）   □ ^{チョンマル}정말 本当、本当に

179

公式42 ㅂ変格用言のㅂは活用2 3で우に変わる

語幹末にㅂパッチムを持つ一部の用言は活用2と3で特殊な変化をします。活用1では通常の変化をします。これを「ㅂ変格用言」といいます。語幹末にㅂパッチムを持つ用言には通常の活用パターンに当てはまる「ㅂ正格用言」もあるので注意しましょう。

「ㅂ変格用言」は活用2と3でㅂが消えて우が入ってきます。

トッタ
덥다 (暑い)を使って変化を見てみましょう。

活用2-면

- 덥 우 + -면 → 더우면（トウミョン）
  ㅂが消えて우が入る

トウミョン チャンムヌル ヨセヨ
더우면 창문을 여세요.
暑ければ窓を開けてください。

活用2-ㄹ 수 있다

- 덥 우 + -ㄹ 수 있다 → 더울 수 있다（トウル ス イッタ）
  ㅂが消えて우が入る

ネイルン ト トウル ス イッソヨ
내일은 더 더울 수 있어요.
明日はもっと暑いかもしれません。

✓더울 수 있다は「暑い可能性がある」で「暑いかもしれない」という意味になります。

活用3-ㅆ-

- 덥 우 어 + -ㅆ- → 더웠다（トウォッタ）
  ㅂが消えて우が入ることで어が選ばれ、워と縮約される

オジェヌン チョンマル トウォッソヨ
어제는 정말 더웠어요.
昨日は本当に暑かったです。

	1-습니다	**2**-면	**3**-요
アルムダプタ **아름답다** 美しい	アルムダプスムニダ **아름답습니다**	アルムダウミョン **아름다우면**	アルムダウォヨ **아름다워요**
カッカプタ **가깝다** 近い	カッカプスムニダ **가깝습니다**	カッカウミョン **가까우면**	カッカウォヨ **가까워요**
クィヨプタ **귀엽다** かわいい	クィヨプスムニダ **귀엽습니다**	クィヨウミョン **귀여우면**	クィヨウォヨ **귀여워요**
チュプタ **춥다** 寒い	チュプスムニダ **춥습니다**	チュウミョン **추우면**	チュウォヨ **추워요**
ムソプタ **무섭다** 怖い	ムソプスムニダ **무섭습니다**	ムソウミョン **무서우면**	ムソウォヨ **무서워요**
シックロプタ **시끄럽다** うるさい	シックロプスムニダ **시끄럽습니다**	シックロウミョン **시끄러우면**	シックロウォヨ **시끄러워요**
スィプタ **쉽다** 易しい	スィプスムニダ **쉽습니다**	スィウミョン **쉬우면**	スィウォヨ **쉬워요**
トプタ **돕다** 手伝う	トプスムニダ **돕습니다**	トウミョン **도우면**	トワヨ **도와요**
コプタ **곱다** 細い、 心が美しい	コプスムニダ **곱습니다**	コウミョン **고우면**	コワヨ **고와요**

✓ ㅂ変格用言のうち돕다（手伝う）と곱다（細い、心が美しい）の2語だけは、活用**3**で도와요、고와요のように워ではなく와と縮約します。例外として覚えてしまいましょう。

第**20**課

	1-습니다	**2**-면	**3**-요
チョプタ **좁다** 狭い	チョプスムニダ **좁습니다**	チョブミョン **좁으면**	チョバヨ **좁아요**
ノルタ **넓다** 広い	ノルスムニダ **넓습니다**	ノルブミョン **넓으면**	ノルボヨ **넓어요**
イプタ **입다** 着る	イプスムニダ **입습니다**	イブミョン **입으면**	イボヨ **입어요**
ッシプタ **씹다** 噛む	ッシプスムニダ **씹습니다**	ッシブミョン **씹으면**	ッシボヨ **씹어요**

181

1 次のㅂ変格用言の基本形を（　）の形に直し文を完成させましょう。

① 시끄럽다　（過去　活用**3**-ㅆ＋해요체）

어제는 옆집 사람들이 너무＿＿＿＿＿＿＿＿＿.

昨日は隣の家の人たちがあまりにもうるさかったです。

② 쉽다　（過去　活用**3**-ㅆ＋해요체）

이번 시험문제는 너무＿＿＿＿＿＿＿＿＿.

今回の試験問題はとても簡単でした。

③ 반갑다　（過去　活用**3**-ㅆ＋해요체）

길에서 우연히 친구를 만나서＿＿＿＿＿＿＿＿＿.

道で偶然に友達に会ってうれしかったです。

④ 어렵다　（尊敬　活用**2**-ㅆ시-＋합니다체）

한국말이＿＿＿＿＿＿＿？

韓国語がお難しいですか。

⑤ 맵다　（해요체　活用**3**-요）

이 순두부는 너무＿＿＿＿＿＿＿.

このスンドゥブは辛すぎます。

⑥ 무섭다　（理由　活用**3**-서-）

그 영화는＿＿＿＿＿＿＿볼 수가 없었어요.

その映画は怖くて見ることができませんでした。

⑦ 돕다　（依頼　活用**3**-주세요）

시간이 있으면 일 좀＿＿＿＿＿＿＿.

時間があったら仕事（を）ちょっと手伝ってください。

1

① 어제는 옆집 사람들이 너무 <u>시끄러웠어요</u>.

◆-ㅆ-는活用**3**なのでㅂが取れ우が入ります。合成母音化されて웠となります。

② 이번 시험문제는 너무 <u>쉬웠어요</u>.

◆活用**3**のときはㅂが落ちて우が入りㅓが続き워と合成母音化します。

③ 길에서 우연히 친구를 만나서 <u>반가웠어요</u>.

◆活用**3**のときはㅂが落ちて우が入りㅓが続き워と合成母音化します。

④ 한국말이 <u>어려우십니까</u>?

◆너무は「あまりに〜」「〜すぎる」という意味の副詞です。

⑤ 이 순두부는 너무 <u>매워요</u>.

◆活用**3**のときはㅂが落ちて우が入りㅓが続き워と合成母音化します。

⑥ 그 영화는 <u>무서워서</u> 볼 수가 없었어요.

◆**2**-ㄹ 수 없다に-ㄹ 수가 없다と助詞の가を入れると、不可能であることの強調になります。これは**2**-ㄹ 수 있다でも同じです。

⑦ 시간이 있으면 일 좀 <u>도와 주세요</u>.

◆돕다(手伝う)と곱다(美しい)だけは活用**3**で도와、고와と形を変えます。

第**20**課

르変格用言と러変格用言

르変格用言は語幹末に르を持つ、特殊な変化をする用言です。語幹末に르を持つ用言のうちには、러変格用言と分類されるものもあります。

🎧69

① ハングゴガ　オリョウォヨ
한국어가 어려워요?
韓国語 | が　　難しい | ですか

② ネ　アジク　パルミ　ソトゥルロヨ
네, 아직 발음이 서툴러요.
はい　まだ　発音 | が　下手 | です

▶ 서툴러요 : 서투르다 (르変格) の해요体 (**3**-요)

③ イルボンマルハゴ　ハングンマルン　ピスッテヨ
일본말하고 한국말은 비슷해요?
日本語 | と　　韓国語 | は　　似てい | ますか

④ ピスッタジマン　タルラヨ
비슷하지만 달라요.
似ている | けれど　違い | ます

▶ 달라요 : 다르다 (르変格) の해요体 (**3**-요)

学習ポイント	☑ 르変格用言の活用の仕方
	☑ よく使う르変格用言の単語
	☑ 러変格用言の活用の仕方

네, 아직 발음이 서툴러요.

① 韓国語が(は)難しいですか。

② はい、まだ発音が下手です。

③ 日本語と韓国語は似ていますか。

④ 似ているけれど違います。

☞新出単語

- □ 발음 _{バルム} 発音（漢発音）
- □ 서투르다 _{ソトゥルダ} 下手だ
- □ 비슷하다 _{ビスタダ} 似る
- □ 다르다 _{タルダ} 異なる、違う

☞補充単語

- □ 부르다 _{プルダ} 呼ぶ
- □ 택시 _{テクシ} タクシー

公式 43 르変格用言は活用 3 で 르が ㄹ라または ㄹ러に変わる

語幹末に르を持つ用言は、一部を除いて、活用 **3** で特殊な変化をします。活用 **1** と **2** では通常の変化をします。これを「르変格用言」といいます。

「르変格用言」は活用 **3** のときに語幹末の르が-ㄹ라か-ㄹ러に変化します。語幹末の直前の母音が陽母音ㅏ、ㅑ、ㅗであれば-ㄹ라、それ以外であれば-ㄹ러になります。

부르다 ^{プルダ}（呼ぶ）を使って変化を見てみましょう。

活用 3 -주세요

● 부르 → ㄹ러 + -주세요 → 불러 주세요 ^{プルロ　ジュセヨ}
┗ 直前の母音がㅜなので르はㄹ러になる

택시를 불러 주세요. ^{テクシルル　プルロ　ジュセヨ} タクシーを呼んでください。

活用 3 -ㅆ-

● 부르 → ㄹ러 + -ㅆ어요 → 불렀어요 ^{プルロッソヨ}

택시를 불렀어요. ^{テクシルル　プルロッソヨ} タクシーを呼びました。

語幹末に르を持つ用言には「러変格用言」と分類されるものもあります。これは「르変格用言」とは違う活用をします。

次の語は、活用 **3** で語幹末の後ろに러を付けます。

푸르다 ^{プルダ} 青い → 푸르러요 ^{プルロヨ} 青いです

이르다 ^{イルダ} 至る → 이르러요 ^{イルロヨ} 至ります

よく使う르変格用言

	1-습니다	**2**-면	**3**-요
タルダ **다르다** 異なる	タルムニダ **다릅니다**	タルミョン **다르면**	タルラヨ **달라요**
コルダ **고르다** 選ぶ	コルムニダ **고릅니다**	コルミョン **고르면**	コルラヨ **골라요**
オルダ **오르다** 登る	オルムニダ **오릅니다**	オルミョン **오르면**	オルラヨ **올라요**
ソドゥルダ **서두르다** 急ぐ	ソドゥルムニダ **서두릅니다**	ソドゥルミョン **서두르면**	ソドゥルロヨ **서둘러요**
ソトゥルダ **서투르다** 下手だ	ソトゥルムニダ **서투릅니다**	ソトゥルミョン **서투르면**	ソトゥルロヨ **서툴러요**
キルダ **기르다** 育てる	キルムニダ **기릅니다**	キルミョン **기르면**	キルロヨ **길러요**
ヌルダ **누르다** 押さえる	ヌルムニダ **누릅니다**	ヌルミョン **누르면**	ヌルロヨ **눌러요**
フルダ **흐르다** 流れる	フルムニダ **흐릅니다**	フルミョン **흐르면**	フルロヨ **흘러요**

1 次の変格活用用言の基本形に（ ）の形を接続させましょう。

① 게으르다 （해요体 活用 **3**-요）
　제 동생은＿＿＿＿＿＿＿＿＿.

　私の弟は怠けています。

② 저지르다 （理由 活用 **3**-서）
　실수를＿＿＿＿＿＿＿＿＿어머니께 혼났어요.

　へまをしでかしてお母さんに怒られました。

③ 자르다 （해요体 活用 **3**-요）
　가위로 종이를＿＿＿＿＿＿＿＿＿.

　はさみで紙を切ります。

④ 재빠르다 （理由 活用 **3**-서）
　토끼는＿＿＿＿＿＿＿＿＿잡을 수 없어요.

　ウサギはすばしっこくて捕まえることができません。

⑤ 오르다 （過去形 活用 **3**-ㅆ）
　지난 주말에 설악산에＿＿＿＿＿＿＿＿＿.

　先週、雪岳山に登りました。

⑥ 누르다 （過去形 活用 **3**-ㅆ）
　이 스위치를＿＿＿＿＿＿＿＿＿.

　このスイッチを押しました。

⑦ 서투르다 （해요体 活用 **3**-요）
　아직 한국말이＿＿＿＿＿＿＿＿＿.

　まだ韓国語が下手です。

1

① 제 동생은 게을러요.

◆해요体をつくる-요は活用**3**なので、語幹末の르の母音ーが取れ、ㄹが語幹末の前に移動してパッチムとなります。語幹末の前の母音が陰母音であれば次に러をつなぎます。

② 실수를 저질러서 어머니께 혼났어요.

◆실수를 저지르다で「へまをしでかす」という意味です。

③ 가위로 종이를 잘라요.

◆語幹末の前の母音が陽母音ㅏ、ㅑ、ㅗであれば次に라をつなぎます。

④ 토끼는 재빨라서 잡을 수 없어요.

◆재빠르다というのは재고 빠르다の縮約形で、재다にも「素早い」という意味があり、빠르다を活用して빨라と変化します。

⑤ 지난 주말에 설악산에 올랐어요.

◆지난 주말で「先週末」という意味です。

⑥ 이 스위치를 눌렀어요.

◆누르십시오(押してください)は手動のドアに書かれています。

⑦ 아직 한국말이 서툴러요.

◆「韓国語が上手ですね」など、褒められたときに謙遜の意味で使う「まだまだです」は「まだまだ遠いです」という意味の아직 멀었어요.(アジク モロッソヨ)を使います。

COLUMN

韓国マメ知識 17

怠け者

게으름뱅이(ケウルムベンイ)(怠け者)や가난뱅이(カナンベンイ)(貧乏人)のように뱅이を付けると侮蔑的な呼び方になります。また、쟁이を付けても고집쟁이(コジプジェンイ)(頑固者)や심술쟁이(シムスルジェンイ)(いじめっ子)という悪口になりますが、멋쟁이(モッジェンイ)(洒落者)は悪い意味ばかりで使われるわけではありません。

語幹末に ㅎ パッチムを持つ用言には「ㅎ変格用言」と「ㅎ正格用言」があります。「ㅎ正格用言」はパターンどおりの活用をしますが、「ㅎ変格用言」は異なる活用をします。

🎧72

❶ チェジュドヨヘン　オッテッソヨ
제주도여행 어땠어요?

| 済州島｜旅行 | どうで｜したか |

▶ 어땠어요 : **어떻다**（ㅎ変格）の해요体（**3**-요）

❷ アジュ　チョアッソヨ　チュルゴウォッソヨ
아주 좋았어요. 즐거웠어요.

| とても | 良｜かったです | 楽し｜かったです |

▶ 좋았어요 : **좋아**（ㅎ正格）の해요体（**3**-요）

❸ クレヨ　プロウォヨ
그래요? 부러워요.

| そう｜ですか | うらやましい｜です |

▶ 그래요 : **그렇다**（ㅎ変格）の해요体（**3**-요）

❹ クロチマン　ピヘンギピョガ　チョム ピッサッソヨ
그렇지만 비행기표가 좀 비쌌어요.

| そう｜だけど | 飛行機｜チケット｜が | 少し | 高｜かったです |

▶ 그렇지만 : **그렇다**（ㅎ変格）に逆接を表す **1**-지만 を付けた形

| 学習ポイント | ☑ ㅎ変格用言の活用の仕方 |
| | ☑ よく使うㅎ変格用言とㅎ正格用言 |

제주도여행 어땠어요?

第22課

❶ 済州島旅行、どうでしたか。

❷ とても良かったです。楽しかったです。

❸ そうですか。うらやましいです。

❹ そうだけど、飛行機のチケットが少し高かったです。

☞新出単語 🎧73

□ チェジュド **제주도** 済州島（漢済州島）　　　□ オットッタ **어떻다** どうだ、どのようだ

□ チュルゴプタ **즐겁다** 楽しい、心地よい　　□ クロタ **그렇다** そのようだ　　□ プロプタ **부럽다** うらやましい

□ ビヘンギピョ **비행기표** 飛行機のチケット、航空券（漢飛行機票）　　□ チョム **좀** 少し

ㅎ変格用言は活用②でㅎが消え、活用③で母音の形が変わる

語幹末にㅎパッチムを持つ形容詞のうち이렇다(このようだ) / 그렇다(そのようだ) / 저렇다(あのようだ) / 어떻다(どのようだ)の4語と、色を表す一部の語は、活用②と③で特殊な変化をします。これらを「ㅎ変格用言」といいます。

「ㅎ変格用言」は活用②ではㅎパッチムが消えます。活用③ではㅎパッチムが消えたうえで、語幹末の母音がㅐかㅒに変化します。

그렇다 （そのようだ）を使って見てみましょう。

活用②

- 그렇 → 러 +-면　→　그러면 それならば
  └ㅎが消えて러が残る

- 그렇 → 러 +-세요　→　그러세요? さようでございますか
  └ㅎが消えて러が残る

活用③

- 그렇 → 래 +-서　→　그래서 それで
  └ㅎが消えてㅓがㅐになる

- 그렇 → 래 +-ㅆ어요　→　그랬어요? そうだったのですか
  └ㅎが消えてㅓがㅐになる

✓ 語幹末の母音がㅒに変化するㅎ変格用言は하얗다(白い)だけです。
✓ 그렇다は、これらのようにさまざまに形を変えて接続詞として用いられます。그래요は平叙文なら「そうです」を意味し、語尾上がりに그래요? と発音すると「そうですか」の意味になります。

よく使う ㅎ変格用言

	1-습니다	**2**-면	**3**-요
ツパルガッタ **빨갛다** 赤い	ツパルガッスムニダ **빨갛습니다**	ツパルガミョン **빨가면**	ツパルゲヨ **빨개요**
パラッタ **파랗다** 青い	パラッスムニダ **파랗습니다**	パラミョン **파라면**	パレヨ **파래요**
ノラッタ **노랗다** 黄色い	ノラッスムニダ **노랗습니다**	ノラミョン **노라면**	ノレヨ **노래요**
ツカマッタ **까맣다** 黒い	ツカマッスムニダ **까맣습니다**	ツカマミョン **까마면**	ツカメヨ **까매요**
ハヤッタ **햐얗다** 白い	ハヤッスムニダ **하얗습니다**	ハヤミョン **하야면**	ハエヨ **하얘요**
キダラッタ **기다랗다** 長々しい	キダラッスムニダ **기다랗습니다**	キダラミョン **기다라면**	キダレヨ **기다래요**

よく使う ㅎ正格用言

	1-습니다	**2**-면	**3**-요
チョッタ **좋다** 良い	チョッスムニダ **좋습니다**	チョウミョン **좋으면**	チョアヨ **좋아요**
ノッタ **놓다** 置く	ノッスムニダ **놓습니다**	ノウミョン **놓으면**	ノアヨ **놓아요**
ノッタ **넣다** 入れる	ノッスムニダ **넣습니다**	ノウミョン **넣으면**	ノオヨ **넣어요**

1 次の^ㅎ変格用言の基本形を（　　　）の形に直して、文を完成させましょう。

① 빨갛다 （해요体　活用**3**-요）

원숭이 엉덩이는＿＿＿＿＿＿.

猿の尻は赤いです。

② 가맣다 （해요体　活用**3**-요）

바다에 갔다와서 피부가＿＿＿＿＿＿＿.

海に行ってきて皮膚が黒いです。

③ 동그랗다 （해요体　活用**3**-요）

제 친구의 얼굴은＿＿＿＿＿＿＿.

私の友達の顔は丸いです。

④ 하얗다 （理由　活用**3**-서）

너무＿＿＿＿＿＿＿눈이 부셔요.

あまりにも白くて目がまぶしいです。

⑤ 하얗다 （해요体　活用**3**-요）

피부가 너무＿＿＿＿＿＿.

肌がとても白いです。

⑥ 파랗다 （仮定形　活用**2**-면）

신호가＿＿＿＿＿＿건너갈 수 있습니다.

信号が青ければ渡れます。

⑦ 기다랗다 （해요体　活用**3**-요）

기린의 목은＿＿＿＿＿＿.

キリンの首は長いです。

1

① 원숭이 엉덩이는 <u>빨개요</u>.

◆活用**3**のときにㅎが脱落し語幹末の母音がㅐに変化します。

② 바다에 갔다와서 피부가 <u>까매요</u>.

◆새까맣다は「真っ黒い」という意味です。

③ 제 친구의 얼굴은 <u>동그래요</u>.

◆「丸顔」のことを동그란 얼굴(丸い顔)といい、公式46(p.210)の形容詞の現在連体形を使います。

④ 너무 <u>하얘서</u> 눈이 부셔요.

◆活用**3**のときにㅎが脱落し語幹末の母音がㅐに変化します。

⑤ 피부가 너무 <u>하얘요</u>.

◆하얗다の場合はㅎが落ちて야가애に変化します。

⑥ 신호가 <u>파라면</u> 건너갈 수 있습니다.

◆活用**2**ではㅎが落ちます。

⑦ 기린의 목은 <u>기다래요</u>.

◆活用**3**ではㅎが落ちて라가래に変化します。

COLUMN

韓国マメ知識
18

美白命

　韓国は色白美人が多いことで有名です。美白化粧品は数えきれないくらいありますし、色白美人は男性にも大人気です。「白い」という形容詞は하얗다(ハヤッタ)と희다(ヒダ)の2つあり、피부가 하얀(ピブガ ハヤン)여자と피부가 흰(ピブガ ヒン)여자(ヨジャ)と、どちらも同じように使えます。

1 次の語を( )の形に直し、文を完成させましょう。

① 나쁘다 （理由　活用 **3** -서）

눈이＿＿＿＿＿＿잘 안 보입니다.

目が悪くてよく見えません。

② 벌다 （합니다体）

저는 주부이지만 어느 정도 돈을＿＿＿＿＿＿.

私は主婦ですがいくらかお金を稼いでいます。

③ 팔다 （不可能形　活用 **2** -ㄹ 수 없습니다）

이 시계만은＿＿＿＿＿＿＿＿＿.

この時計だけは売ることができません。

2 次の語を( )の指示通りに直しましょう。

① 걷다 （理由　活用 **3** -서）

수민 씨의 집까지＿＿＿＿＿갈 수 있어요?

スミンさんの家まで歩いて行けますか。

② 듣다 （過去形　活用 **3** -ㅆ어요）

아침까지 음악을＿＿＿＿＿＿.

朝まで音楽を聞きました。

③ 낫다 （仮定形　活用 **2** -면）

감기가＿＿＿＿＿＿학교에 가겠습니다.

風邪が治れば学校に行きます。

196

3 次の語を（　）の形に直し、文を完成させましょう。

① 춥다 （해요体　活用 **3** -요）

올해 겨울은 아주_____.

今年の冬はとても寒いです。

② 빠르다 （理由　活用 **3** -서）

말이_____못 알아들었어요.

言葉が速くて聞き取れませんでした。

③ 자르다 （過去形　活用 **3** -ㅆ어요）

애인하고 헤어져서 머리를_____.

恋人と別れて髪を切りました。

4 次の語を（　）の形に直し、文を完成させましょう。

① 그렇다 （해요体　活用 **3** -요）

A: 이것을 부탁해도 돼요?

これを頼んでもいいですか。

B:_____. 좋아요.

そうですね。いいですよ。

② 어떻다 （해요体　活用 **3** -요）

A: 맛이_____? 맛있어요?

味はどうですか。おいしい?

B: 그럭저럭이에요.

まあまあですね。

1 ① 눈이 나빠서 잘 안 보입니다.

◆形容詞나쁘다（悪い）は一語幹用言なので、活用 **3** のときに形が変わります。

② 저는 주부이지만 어느 정도 돈을 법니다.

③ 이 시계만은 팔 수 없습니다.

◆動詞팔다（売る）はㄹ語幹用言なので、ㄹの前でㄹが取れます。

2 ① 수민 씨의 집까지 걸어서 갈 수 있어요?

◆動詞걷다（歩く）はㄷ変格用言なので、活用 **2** のときにㄷパッチムがㄹに変わります。

② 아침까지 음악을 들었어요.

◆動詞듣다（聞く）はㄷ変格用言なので、活用 **2** のときにㄷパッチムがㄹに変わります。

③ 감기가 나으면 학교에 가겠습니다.

◆動詞낫다（治る）はㅅ変格用言なので、活用 **2** のときにㅅパッチムが取れて으が入ります。

3 ① 올해 겨울은 아주 추워요.

◆形容詞춥다（寒い）はㅂ変格用言なので活用 **3** のときにㅂパッチムが우に変わります。

② 말이 빨라서 못 알아들었어요.

◆形容詞빠르다（速い）は르変格用言なので活用 **3** のときに形が変わります。

③ 애인하고 헤어져서 머리를 잘랐어요.

◆動詞자르다（切る）も르変格用言です。

4 ① A: 이것을 부탁해도 돼요?　　　B: 그래요. 좋아요.

◆形容詞그렇다（そうだ）はㅎ変格用言なので、活用 **3** のときにㅎが取れ、語幹末の母音はㅓからㅐに変化します。

② A: 맛이 어때요? 맛있어요?　　　B: 그럭저럭이에요.

◆形容詞어떻다（どうだ）も그렇다と同じ変化をするㅎ変格用言です。

文法編 ④

体言の修飾

第 23 課〜第 27 課

「旅した場所」「おいしいもの」「そこにある本」のように、体言は用言を使っていろいろな修飾ができます。体言を修飾するときの用言の形を、韓国語でも連体形といいます。文法編④では連体形のつくり方を学びます。

連体形がつくれたら韓国語をもっと使いこなせる

▶ 連体形（修飾語）は3つのパターンの活用を使ってつくります。
現在・過去・未来の3つの連体形のつくり方を覚えましょう。

連体形の種類

　用言の連体形は、用言と体言をつなぎながら、現在・過去・未来を表すことができます。

① 「面白い映画」のように現在の様子を表すものが「現在連体形」です。
② 「面白かった映画」のように過去の様子を表すものが「過去連体形」です。
③ 「面白いはずの映画」のように未来の様子を表すものが「未来連体形」です。

　韓国語には、現在連体形、過去連体形、未来連体形をつくるための活用があります。

連体形の活用一覧表

	現在連体形	過去連体形			未来連体形
		単純過去	回想過去 （現在完了）	大過去 （過去完了）	
動　詞	**1** -는	**2** -ㄴ	**1** -던	**3** -ㅆ던	**2** -ㄹ
存在詞		**1** -던			
形容詞	**2** -ㄴ	**1** -던			
指定詞					

✓ 動詞と存在詞は基本的には同じ活用をしますが、存在詞の単純過去だけは **1** -던を使います。

✓ 맛있다 / 맛없다（おいしい／まずい）や 재미있다 / 재미없다（面白い／つまらない）などは、形容詞ではありますが、있다 / 없다を含んでいるため、存在詞の活用を当てはめます。

連体形というのは単に名詞を修飾するだけではありません。連体形を使った応用文型は多種あって、文型を1つ覚えれば現在・過去・未来を表現することができるようになります。韓国語の表現を広げるためにとても重要な文法なので、しっかり学習しましょう。

　例えば、-ㄹ 것 같다（p.229参照）は動詞の未来連体形につなげると「～しそうだ／～するみたいだ」という意味になりますが、実は現在連体形「～しているようだ」でも過去連体形「～したようだ」でも使えるのです。

　例を見てみましょう。

連体形＋-것 같다（～みたいだ／～ようだ）を使った連体形の時制の違い

　いずれも会話の場面です。現在・過去・未来の違いに注目してください。

연하 씨가 지금 오는 것 같습니다.

ヨンハ　さんが　今　　来ている　　ようです。

＊今、ここに向かって来ているという意味です。

연하 씨가 조금 전에 온 것 같습니다.

ヨンハ　さんが　少し前に　　　　来た　　ようです。

＊少し前に、ここに着いたと連絡を受けたか、まだ姿は見えないけれど着いているようだ、または来たようだという意味です。

연하 씨가 조금 이따가 올 것 같습니다.

ヨンハ　さんが　もうちょっとで　　　来る　　ようです。

＊これから、ここに来るだろうという意味です。

動詞と存在詞（있다/없다）を使って名詞を修飾します。この課では現在を表す現在連体形をつくる方法を学習します。

🎧75

❶ ピガ　ネリヌン　ナレヌン　オットッケ チネヨ
비가 내리는 날에는 어떻게 지내요?

| 雨 \| が | 降る | 日 \| に \| は | どの \| ように | 過ごし \| ますか |

▶내리는 날：動詞내리다の現在連体形（**1**-는）＋名詞날

❷ チョヌン　チベソ　ウマグル　トゥロヨ
저는 집에서 음악을 들어요.

| 私 \| は | 家 \| で | 音楽 \| を | 聞き \| ます |

❸ チョヌン　チェミインヌン　ドゥラマルル　ボァヨ
저는 재미있는 드라마를 봐요.

| 私 \| は | 面白い | ドラマ \| を | 見 \| ます |

▶재미있는 드라마：存在詞を使った形容詞재미있다の現在連体形（**1**-는）＋名詞드라마

❹ ヨジュム　ユヘンハヌン　ドゥラマガ　ムォエヨ
요즘 유행하는 드라마가 뭐예요?

| 最近 | 流行 \| している | ドラマ \| が | 何 \| ですか |

学習ポイント

☑ 動詞と存在詞の現在連体形のつくり方
☑ ㄹ語幹の動詞の現在連体形
☑ 動詞と存在詞の否定形の現在連体形

비가 내리는 날에는 어떻게 지내요?

① 雨が降る日にはどのように過ごしますか。

② 私は家で音楽を聞きます。

③ 私は面白いドラマを見ます。

④ 最近流行りのドラマが(は)何ですか。

☞新出単語

🎧76

□ **내리다** (雨、雪などが)降る　　□ **날** 日　　□ **지내다** 過ごす
ネリダ　　　　　　　　　　　　　　　　　ナル　　　　　　チネダ

□ **재미있다** 面白い
チェミイッタ

☞補充単語

□ **가방** カバン
カバン

公式 45 動詞と存在詞の現在連体形は活用 1 -는でつくる

　体言を現在の時制で修飾する場合、動詞と存在詞は 1 -는を使って活用します。「動詞・存在詞の活用形＋ 1 -는 体言」という形になります。特殊語幹用言や変格用言は連体形をつくるときに形が変わることがあるので注意しましょう。

動詞と存在詞の現在連体形

-다を取って 1 -는を付けるだけです。

● ^{キダリダ}기다리다 待つ ＋ ^{ハクセン}학생 学生

　→ 기다리＋-는 학생 → ^{キダリヌン}기다리는 ^{ハクセン}학생 待っている学生
　　　└다を取って-는を付ける

● ^{コギエ}거기에 ^{イッタ}있다 そこにある ＋ ^{チェク}책 本

　→ 거기에 있＋-는 책 → ^{コギエ}거기에 ^{インヌン}있는 ^{チェク}책 そこにある本
　　　└다を取って-는を付ける

● ^{シガニ}시간이 ^{オプタ}없다 時間がない ＋ ^{ナル}날 日

　→ 시간이 없＋-는 날 → ^{シガニ}시간이 ^{オムヌン}없는 ^{ナル}날 時間がない日
　　　└다を取って-는を付ける　　　└発音注意!(엄는)

✓ 맛있다（おいしい）、멋있다（格好いい、素敵だ）、재미있다（面白い）など、있다を使った言葉は、連体形をつくるときに存在詞と同じ活用をします。また、現在進行形を表す 1 -고 있다も存在詞を使っているので、連体形の活用は存在詞と同じです。

✓ 기다리는 학생が「待っている学生」を意味するように、現在進行形の活用を使わなくても、現在連体形は行為が進行中であることを表せます。

ㄹ語幹の動詞の現在連体形

ㄴとつながるのでㄹが消えます。

● 알다 ^{アルダ} 知る＋사람 ^{サラム} 人

→ 　알→아 ＋ -는 사람 　→ 　아는 ^{アヌン} 사람 ^{サラム} 知っている人（知り合い、知人）

ㄴの前でㄹが消えて알が아になる

動詞の否定形の現在連体形

短い否定形안の場合はそのまま動詞に **1** -는を付けます。長い否定形 **1** -지 않다の場合は-지 않다に-는を付けます。

1）短い否定形　안 動詞

● 안 쓰다 ^{アン ッスダ} 使わない＋가방 ^{カバン} カバン

→ 　안 쓰＋-는 가방 　→ 　안 쓰는 ^{アン ッスヌン カバン} 가방 使わないカバン

2）長い否定形　 **1** -지 않다

● 쓰지 않다 ^{ッスジ アンタ} 使わない＋가방 ^{カバン} カバン

→ 　쓰지 않＋-는 가방 　→ 　쓰지 않는 ^{ッスジ アンヌン カバン} 가방 使わないカバン

1 次の用言と体言のセットを、現在連体形（**1**-는）でつないで文をつくりましょう。

① 듣다／음악

제가 자주＿＿＿＿＿＿＿＿은 케이팝입니다.

私がよく聞く音楽はK-POPです。

② 있다／배우

한국에서 가장 인기가＿＿＿＿＿＿＿＿는 누구 입니까?

韓国で最も人気がある俳優は誰ですか。

③ 재미있다／영화

＿＿＿＿＿＿＿＿를 봤어요.

面白い映画を観ました。

④ 없다／것

한국에＿＿＿＿＿＿＿＿을 선물 하고 싶어요.

韓国にないものをプレゼントしたいです。

⑤ 다니다／학교

제가＿＿＿＿＿＿＿＿는 서울에 있어요.

私が通っている学校はソウルにあります。

⑥ 알다／사람

서울에는＿＿＿＿＿＿＿＿이 한 사람도 없어요.

ソウルには知人（知っている人）が一人もいません。

⑦ 살다／친구

서울에＿＿＿＿＿＿＿＿가 있어요.

ソウルに住んでいる友人がいます。

1

① 제가 자주 듣는 음악은 케이팝입니다.

◆動詞の現在連体形は **1** -는でつくります。副詞자주は「よく、しばしば、しきりに（〜する）」という意味です。

② 한국에서 가장 인기가 있는 배우는 누구 입니까?

◆存在詞の現在連体形は **1** -는でつくります。

③ 재미있는 영화를 봤어요.

◆재미있다（面白い）は形容詞ですが、있다に合わせた活用をします。現在連体形では **1** -는を使います。

④ 한국에 없는 것을 선물 하고 싶어요.

◆없는 것（ないもの）、있는 것（あるもの）。

⑤ 제가 다니는 학교는 서울에 있어요.

◆다니다（通う）は学校（学校）や会社（会社）、学院（塾）などに使います。

⑥ 서울에는 아는 사람이 한 사람도 없어요.

◆알다は ㄹ語幹用言なので、ㄴが後ろに来るとㄹが取れます。

⑦ 서울에 사는 친구가 있어요.

◆살다は ㄹ語幹用言なので次にㄴが来るとㄹが取れます。

COLUMN

韓国マメ知識
19

能ある鷹は爪を隠す

　韓国には많이（マニ） 아는 사람은（アヌンサラムン） 말이（マリ） 적다（チョッタ）ということわざがあります。直訳すると「多くを知る人は寡黙だ」、つまり「知識が多い人ほど出しゃばってわかったふりをしない」という意味です。

第23課に続いて、現在連体形のつくり方を学びます。この課では形容詞と指定詞で名詞を修飾する方法を覚えましょう。

🎧 78

❶ ヘギョ　ツシヌン　オットン　ナムジャルル　チョアハセヨ
혜교 씨는 어떤 남자를 좋아하세요?

| ヘギョ | さん｜は | どんな | 男の人｜を | お好み｜ですか |

▶어떤 남자：形容詞어떻다（ㅎ変格用言）の現在連体形（**2**-ㄴ）＋体言남자

❷ チョヌン　ソンシラン　ナムジャルル　チョアヘヨ
저는 성실한 남자를 좋아해요.

| 私｜は | 誠実な | 男の人｜を | 好み｜ます |

▶성실한 남자：形容詞성실하다の現在連体形（**2**-ㄴ）＋体言남자

❸ ケント　ツシヌン　オットン　ヨジャガ　チョウセヨ
켄토 씨는 어떤 여자가 좋으세요?

| ケント | さん｜は | どんな | 女の人｜が | お好き｜ですか |

❹ サンニャンハン　ヨジャガ　チョアヨ
상냥한 여자가 좋아요.

| 優しそうな | 女の人｜が | 好き｜です |

▶상냥한 여자：形容詞상냥하다の現在連体形（**2**-ㄴ）＋体言여자

208

혜교 씨는 어떤 사람을 좋아하세요?

① ヘギョさんはどんな男の人を（が）お好きですか。

② 私は誠実な男の人が好きです。

③ ケントさんはどんな女の人がお好きですか。

④ 優しそうな女の人が好きです。

第24課

☞新出単語

□ **을/를 좋아하다** （ウル/ルル チョアハダ）　〜を好む（動詞）

□ **성실하다** （ソンシラダ）　誠実だ（漢誠実-）

□ **상냥하다** （サンニャンハダ）　見るからに優しい、にこやかだ

□ **이/가 좋다** （イ/ガ チョッタ）　〜が好きだ、〜が良い（形容詞）

☞補充単語

□ **머리카락** （モリカラク）　髪（の毛）　＊머리は本来「頭」という意味だが「髪」の意味もある。

□ **무섭다** （ムソプタ）　怖い

□ **영화** （ヨンファ）　映画（漢映画）

209

形容詞の現在連体形は
活用**2**-ㄴ でつくる

体言を現在の時制で修飾する場合、形容詞は**2**-ㄴを使って活用します。「形容詞の活用形+**2**-ㄴ 体言」という形になります。特殊語幹用言や変格用言は連体形をつくるときに形が変わることがあるので注意しましょう。

形容詞の現在連体形

2-ㄴを使います。語幹末にパッチムがあれば으が入ります。

- <ruby>좋다<rt>チョッタ</rt></ruby> よい + <ruby>사람<rt>サラム</rt></ruby> 人

  → 좋으 + -ㄴ 사람 → <ruby>좋은 사람<rt>チョウン サラム</rt></ruby> よい人

- <ruby>나쁘다<rt>ナップタ</rt></ruby> 悪い + <ruby>남자<rt>ナムジャ</rt></ruby> 男

  → 나쁘 + -ㄴ 남자 → <ruby>나쁜 남자<rt>ナップン ナムジャ</rt></ruby> 悪い男

ㄹ語幹用言 / ㅂ変格用言 / ㅎ変格用言の形容詞の現在連体形

1）ㄹ語幹はㄴが後ろに続くとㄹが取れる。

- <ruby>길다<rt>キルダ</rt></ruby> 長い + <ruby>머리<rt>モリ</rt></ruby> 頭、髪

  → 길→기 + -ㄴ 머리 → <ruby>긴 머리<rt>キン モリ</rt></ruby> 長い髪

  └ ㄴの前でㄹが脱落する

2）ㅂ変格用言は活用**2**で語幹末のㅂパッチムが消えて우が入る。

- <ruby>무섭다<rt>ムソプタ</rt></ruby> 怖い + <ruby>영화<rt>ヨンファ</rt></ruby> 映画

  → 무섭 우→서우 + -ㄴ 영화 → <ruby>무서운 영화<rt>ムソウン ヨンファ</rt></ruby> 怖い映画

  └ ㅂが消えて우が入る

3) ㅎ変格用言は活用 **2** で語幹末の ㅎ パッチムが消える。

- 어떻다 ^{オットッタ} どのようだ + 책 ^{チェク} 本

→　어떻→떠 +-ㄴ 책　→　어떤 책 ^{オットン チェク} どんな本
　　└ㅎが消える

形容詞の否定形の現在連体形

　短い否定形안の場合は、そのまま形容詞に **2** -ㄴ を付けます。長い否定形 **1** -지 않다の場合は、**2** -ㄴ を付けて좋지 않은 책（良くない本）のように使います。

短い否定形　안 形容詞

- 안 좋다 ^{アン チョッタ} 良くない + 책 ^{チェク} 本

→　안 좋으 +-ㄴ 책　→　안 좋은 책 ^{アン チョウン チェク} 良くない本

指定詞の現在連体形は인と아닌である

　それぞれ이다と아니다に **2** -ㄴ を付けて活用した形です。「AであるB」「A でないB」のように、名詞を名詞で修飾する場合に使います。

- 남자이다 ^{ナムジャイダ} 男である + 저 ^{チョ} 私

→　남자이 +-ㄴ 저　→　남자인 저 ^{ナムジャイン チョ} 男である私

- 한국이 아니다 ^{ハングギ アニダ} 韓国ではない + 나라 ^{ナラ} 国

→　한국이 아니 +-ㄴ 나라　→　한국이 아닌 나라 ^{ハングギ アニン ナラ}
　　　　　　　　　　　　　　　　　韓国ではない国

1 次の形容詞・指定詞と名詞のセットを現在連体形でつないで文をつくりましょう。

① 싸다／것　좋다／것

_____ 중에도 _____ 이 많이 있습니다.

安いものの中にも、良いものがたくさんあります。

② 한가하다／날

_____은 하루 종일 유튜브 동영상을 봅니다.

暇な日は一日中YouTubeの動画を見ます。

③ 선생님이다／아버지

_____는 아주 엄격합니다.

先生である父はとても厳しいです。

④ 달다／것

_____을 좋아해요?

甘いものが好きですか。

⑤ 맵다／것

저는 _____을 못 먹어요.

私は辛いものが食べられません。

⑥ 밝다／성격

민규는 _____이라서 친구가 많아요.

ミンギュは明るい性格なので友達が多いです。

⑦ 귀엽다／고양이

_____를 받았어요.

可愛い猫をもらいました。

正解・解説

1

① <u>싼 것</u> 중에도 <u>좋은 것</u>이 많이 있습니다.
◆形容詞の現在連体形は **ㄹ**-ㄴ でつくります。중(漢中)は「(〜の)中、うち」という意味です。

② <u>한가한 날</u>은 하루 종일 유튜브 동영상을 봅니다.
◆한가하다の反対語は바쁘다(忙しい)。

③ <u>선생님인 아버지</u>는 아주 엄격합니다.
◆指定詞이다の現在連体形は **ㄹ**-ㄴ でつくります。

④ <u>단 곳</u>을 좋아해요?
◆形容詞달다는ㄹ語幹用言なので、ㄴの前でㄹが取れます。

⑤ 저는 <u>매운 것</u>을 못 먹어요.
◆形容詞맵다는ㅂ変格用言なので、活用**ㄹ**のときにㅂが우に変わります。

⑥ 민규는 <u>밝은 성격</u>이라서 친구가 많아요.
◆밝다는発音注意。次に母音が来るとㄹㄱのどちらも発音します。

⑦ <u>귀여운 고양이</u>를 받았어요.
◆귀엽다는ㅂ変格用言なので活用**ㄹ**のときはㅂが落ちて우が入ります。

第24課

213

過去連体形のつくり方を学びます。この課では動詞で名詞を修飾する
方法を覚えましょう。

🎧81

❶
プサネ　　カン　チョギ　　イッソヨ
부산에 간 적이 있어요?

釧山|に　行った|こと|が　ありますか

▶간 적：動詞가다の単純過去の連体形（**2**-ㄴ）＋名詞적

❷
プサヌン　　チェガ　　チャラン　　コヒャンイエヨ
부산은 제가 자란 고향이에요.

釧山|は　私|が　育|った　故郷|です

▶자란 고향：動詞자라다の単純過去の連体形（**2**-ㄴ）＋名詞고향

❸
カッチ　　ハッキョルル　　タニョットン　　チングドゥリ
같이 학교를 다녔던 친구들이

一緒に　学校|を　通|った　友人たち|が

クリウォヨ
그리워요.

懐かしい|です

▶다녔던 친구：動詞다니다の大過去の連体形（**3**-ㅆ던）＋名詞친구

❹
チョド　　コヒャン　　チングルル　　ポゴ　　シッポヨ
저도 고향 친구를 보고 싶어요.

私|も　故郷　友人|を　会い　たいです

부산에 간 적이 있어요?

① 釜山に行ったことがありますか。

② 釜山は私が育った故郷です。

③ 一緒に学校を(に)通っていた友人たちが懐かしいです。

④ 私も故郷の友人を(に)会いたいです。

☞新出単語　🎧82

□ 적 ~(した)こと
チョク
□ 자라다 育つ、成長する
チャラダ
□ 다니다 通う
タニダ

☞補充単語

□ 빵 パン
パン
□ 연예인 芸能人(漢芸能人)
ヨネイン
□ 소설 小説(漢小説)
ソソル

公式 48 動詞の過去連体形は活用 2-ㄴ / 1-던 / 3-ㅆ던の3種類がある

　名詞を過去の動詞で修飾するときに必要な活用を動詞の過去連体形といいます。過去連体形には、表す過去によって「単純過去」「回想過去（現在完了）」「大過去（過去完了）」の3種類があります。

2-ㄴを使った動詞の過去連体形：単純過去

　単純過去の連体形はあらゆる過去を表すのに使えます。

- **잃어버리다** なくす ＋ **지갑** 財布

　→　잃어버리 ＋ -ㄴ 지갑　→　**잃어버린 지갑** なくした財布
　　　　　　　　　　　　　　└ 発音注意！（이른）

1-던を使った動詞の過去連体形：回想過去／未完了

　1-던は動詞に付くと、過去を振り返って、その動作・行為が「ある時点まで行われていた（今は行われていない）こと」や、「中断されたこと」を表します。

- **다니다** 通う ＋ **회사** 会社

　→　다니 ＋ 던 회사　→　**다니던 회사**

　　　通っていた会社
　　　（今は通っていない）

- **먹다** 食べる ＋ **빵** パン

　→　먹 ＋ -던 빵　→　**먹던 빵**

　　　食べかけのパン
　　　（食べていたが中断され、食べ終わっていない）

3 - ㅆ던を使った動詞の過去連体形：回想過去（完了、大過去）

3 - ㅆ던も、動詞に付くと、**1** -던と同じく過去の動作・行為の回想を表します。**1** -던と同じニュアンスになる場合もありますが、**1** -던が「終わっていない過去（未完了）」を表すこともあるのに対して、**3** - ㅆ던は「すでに終わった過去（完了）」や「より遠い過去（大過去）」を表します。

● 다니어 + - ㅆ던 회사 → **다녔던 회사**
（タニョットン フェサ）

通っていた会社
（はるか昔に通っていた）

● 먹|어| + - ㅆ던 빵 → **먹었던 빵**
（モゴットン パン）

食べていたパン
（そのときに食べていて、もう食べ終わっている）

活用 **2** - ㄴ 적は過去の経験を表す

2 - ㄴ 적は、「〜したこと」という、過去の経験を表すときに頻繁に用いられる表現です。後ろに있다 / 없다がきて、「〜したことがある/ない」という表現をつくります。적にはいくつかの意味がありますが、この場合の적は「（過去の）こと」という意味です。

（ヨネイヌル　ボン　チョギ　イッソヨ）
연예인을 본 적이 있어요? 芸能人に会ったことがありますか。

（ハングク　ソソルル　イルグン　チョギ　オプソヨ）
한국 소설을 읽은 적이 없어요. 韓国の小説を読んだことがありません。

✓ 보다は「見る」という意味のほかに「（人に）会う」という意味もあります。上の例文のように、「に」にあたる助詞には을 / 를を使うので注意しましょう。

第25課

1 次の動詞と体言のセットを過去の連体形(**2**-ㄴ/**3**-던)でつないで文を
つくりましょう。

① 예약하다／호텔 （単純過去）

＿＿＿＿＿＿＿＿에는 풀장이 있습니까?

予約したホテルにプールがありますか。

② 듣다／것 （過去における継続）

이 노래는 제가 자주＿＿＿＿＿＿＿이에요.

この歌は私がよく聞いていたものです。

2 次の動詞と体言のセットを大過去の連体形(**3**-ㅆ던)でつないで文をつく
りましょう。

① 살다／하숙집

제가 예전에＿＿＿＿＿＿＿＿은 이제 없습니다.

私が以前住んでいた下宿はもうありません。

② 찾다／서류

한 달 전부터＿＿＿＿＿＿＿가 서랍 안에 있었습니다.

一月前から探していた書類が引き出しの中にありました。

3 「～したことがある/ない」(**2**-ㄴ 적이 있다/없다)の文をつくりましょう。

① 사다／적 （합니다体）

복권을＿＿＿＿＿＿＿＿＿.

宝くじを買ったことがあります。

② 가다／적

아직 외국에＿＿＿＿＿＿＿지만 가고 싶어요.

まだ外国に行ったことがありませんが行きたいです。

1

① <u>예약한 호텔</u>에는 풀장이 있습니까?

◆動詞の単純過去の過去連体形は **2**-ㄴでつくります。

② 이 노래는 제가 자주 <u>듣던 것</u>이에요.

◆過去の動作・行為の回想です。この場合、들었던でも意味に大差はありません。動詞 듣다는ㄷ変格用言なので、**3**-ㅆ던につなぐとㄷパッチムがㄹに変わることに注意しましょう。

2

① 제가 예전에 <u>살았던 하숙집</u>은 이제 없습니다.

◆살았다と過去形にしてから던を付けます。

② 한 달 전부터 <u>찾았던 서류</u>가 서랍 안에 있었습니다.

◆過去の動作・行為の回想です。この場合、찾던でも意味に大差はありません。

3

① 복권을 <u>산 적이 있습니다</u>.

◆ㄹ語幹用言はㄴが付くとㄹが落ちます。

② 아직 외국에 <u>간 적이 없</u>지만 가고 싶어요.

◆ -ㄴ 적 없지만~ **1**-고 싶어요.（～したことがないけれど～したいです）は頻出の表現です。

第
25
課

COLUMN

韓国マメ知識 21

「こと」という2つの表現

　活用 **2**-ㄴ 적이 있다/없다（～したことがある／ない）に使われる적（こと）の他に、일（こと）も、活用 **2**-ㄴ 일이 있다/없다（～したことがある／ない）と同じように使えます。ところで、일が볼 일이 있다（これから用事がある）のように未来連体形で使えるのに対して、적はそれ自体に「過去」の意味を持っているため볼 적이 있다のように未来連体形では使えません。

第25課に続いて、過去連体形のつくり方を学びます。この課では形容詞と指定詞で名詞を修飾する方法を覚えましょう。

🎧84

❶ 여기에 있던 사람들은 누구예요?

ヨギエ / イットン / サラムドゥルン / ヌグエヨ

| ここ｜に | あった | 人たち｜は | 誰｜ですか |

▶ 있던 사람들 : 있다の過去連体形（**1**-던）＋名詞사람들

❷ 같이 학교 다녔던 사람들이에요.

カッチ / ハッキョ / タニョットン / サラムドゥリエヨ

| 一緒に | 学校 | 通った | 人たち｜です |

▶ 다녔던 사람 : 動詞다니다の大過去連体形（**3**-ㅆ던）＋名詞사람

❸ 강 청소하러 모였어요.

カン / チョンソハロ / モヨッソヨ

| 川 | 掃除｜しに | 集まり｜ました |

❹ 더러웠던 강이 깨끗해졌네요.

トロウォットン / カンイ / ッケックッテジョンネヨ

| 汚｜かった | 川｜が | きれいに｜なりました |

▶ 더러웠던 강 : 形容詞더럽다の大過去連体形（**3**-ㅆ던）＋名詞강

더러웠던 강이 깨끗해졌네요.

❶ ここにいた人たちは誰ですか。

❷ 一緒に学校(に)通った人たちです。

❸ 川の掃除(を)しに集まりました。

❹ 汚かった川がきれいになりましたね。

☞新出単語

🎧85

□ **강** ^{カン} 川(漢江)	□ **청소하다** ^{チョンソハダ} 掃除する(漢清掃-)
□ **모이다** ^{モイダ} 集まる	□ **더럽다** ^{トロプタ} 汚い □ **깨끗하다** ^{ッケックッタダ} きれいだ

☞補充単語

□ **과자** ^{クヮジャ} お菓子(漢菓子)	□ **건물** ^{コンムル} 建物(漢建物)
□ **푸르다** ^{プルダ} 青い	□ **나뭇잎** ^{ナムンニプ} 木の葉

公式 50 存在詞の過去連体形は活用 1 -던 / 3 -ㅆ던でつくる

　存在詞の過去連体形は 1 -던か 3 -ㅆ던でつくります。存在詞の場合、 1 -던が単純過去を表します。

1 -던を使った存在詞の過去連体形：単純過去

　「存在詞＋ 1 -던」は単純過去を表します。「過去の一定の期間あった / なかった」ことを意味します。

> ● 있다 ある ＋ 과자 お菓子　→　있던 과자 あったお菓子

ヨギエ　　　イットン　クヮジャ　モッ　パッソヨ
여기에 있던 과자 못 봤어요?
ここにあったお菓子、見ませんでしたか。

3 -ㅆ던を使った存在詞の過去連体形：大過去、過去完了

　「存在詞＋ 3 -ㅆ던」は、「遠い過去（大過去）」や「すでに終わった過去（完了）」を表します。単純過去を表す「存在詞＋ 1 -던」と、意味の違いはほとんどありません。

> ● 있었다 あった ＋ 건물들 建物（複数形）　→　있었던 건물들
> あった建物

クヮゴエ　　　イッソットン　コンムルドゥリ　サラジョッスムニダ
과거에 있었던 건물들이 사라졌습니다.
過去にあった建物がなくなりました。

222

公式 51 形容詞と指定詞の過去連体形は 活用**1**-던 / **3**-ㅆ던でつくる

形容詞・指定詞の過去連体形は**1**-던か**3**-ㅆ던でつくります。

1-던を使った形容詞・指定詞の過去連体形：回想過去

「形容詞・指定詞＋**1**-던」は、「形容詞だった体言 ／ 体言だった体言」のような、過ぎ去ったことの回想を表します。

> ● 푸르다 青い ＋ 나뭇잎 木の葉 → 푸르던 나뭇잎
> └ 発音注意！（나문닙）　青かった木の葉（今は青くない）

チナン　ジュッカジ　ブルドン　ナムンニッピ　　ツバルガッケ　タンブンイ　トゥロッソヨ
지난 주까지 푸르던 나뭇잎이 빨갛게 단풍이 들었어요.

先週まで青かった木の葉が赤く紅葉しました。

3-ㅆ던を使った形容詞・指定詞の過去連体形：大過去、過去完了

「形容詞・指定詞＋**3**-ㅆ던」は、過去を表す-ㅆ-を使っているので**1**-던よりも完了の意味が強くなります。しかし両者の意味の差はほとんどありません。

> ● 어리다 幼ない ＋ 손자 孫 → 어렸던 손자
> 　　　　　　　　　　　　　幼かった孫（今は幼くない）

オリョットン　ソンジャド　コドゥンハクセンイ　テッスムニダ
어렸던 손자도 고등학생이 됐습니다.

幼かった孫も高校生になりました。

> ● 수도이다 首都だ ＋ 경주 慶州 → 수도였던 경주
> 　　　　　　　　　　　　　　首都だった慶州（今は首都ではない）

シルラエ　スドヨットン　キョンジュエヌン　ブルグクサガ　イッスムニダ
신라의 수도였던 경주에는 불국사가 있습니다.

新羅の首都だった慶州には仏国寺があります。

1 形容詞・指定詞と体言のセットを過去連体形でつないで文を完成させましょう。

① 깨끗하다／방 （**1**-던）

　　　　　　　　　　　이 더러워졌습니다.

きれいだった部屋が汚くなりました。

② 학생이다／수연 （**3**-ㅆ던）

연세대학교의　　　　　　　　　는 올해 취직했습니다.

延世大学の学生だったスヨンは今年就職しました。

③ 즐겁다／학생 때 （**3**-ㅆ던）

결혼하면　　　　　　　　가 그리워요.

結婚すると、楽しかった学生時代が懐かしいです。

④ 대통령이다／사람 （**1**-ㅆ던）

　　　　　　　　　을 체포했어요.

大統領だった人を逮捕しました。

2 次の存在詞を過去連体形（**1**-던）でつないで文を完成させましょう。

① 있다／아이스크림

냉장고 안에　　　　　　　　을 몰라요?

冷蔵庫の中にあったアイスクリームを知りませんか。

② 있다／식당

학교 앞에　　　　　　　　이 없어졌어요.

学校の前にあった食堂がなくなりました。

③ 없다／기능

스마트폰에는 옛날에　　　　　　이 많아요.

スマホには昔(は)なかった機能が多いです。

1

① 깨끗하던 방이 더러워졌습니다.

◆「（ついさっきまで）きれいだった」を表したいときは-던を使います。

② 연세대학교의 학생이었던 수연이는 올해 취직했습니다.

◆수연を第三人称で呼びたいときは수연이と語尾に이を付けるとネイティブっぽくなります。または、수연 씨（スヨンさん）。

③ 결혼하면 즐거웠던 학생때가 그리워요.

◆形容詞즐겁다はㅂ変格用言です。ちなみに形容詞그립다もㅂ変格用言です。

④ 대통령이었던 사람을 체포했어요.

◆대통령は語末にパッチムがあるので、이었던のままです。

2

① 냉장고 안에 있던 아이스크림을 몰라요?

◆存在詞の単純過去の連体形は**1**-던でつくります。

② 학교 앞에 있던 식당이 없어졌습니다.

◆「存在詞／形容詞＋活用**3**-지다」で「～なる」。

③ 스마트폰에는 옛날에 없던 기능이 많아요.

◆없던も없었던も意味としてはさほど変わらず、ネイティブは後者の大過去をよく使います。

COLUMN

韓国マメ知識
22

単純過去と大過去の違い

　過去連体形には単純過去連体形活用**2**-ㄴと、回想過去連体形活用**1**-던、大過去**3**-ㅆ던があり、使い分けが難しいと感じるかもしれませんが、ネイティブは日常会話で大過去**3**-ㅆ던を使うことが多く、過去形にしてしまえば動詞・形容詞・存在詞・指定詞のすべてが同じ大過去連体形を使えるので間違いがありません。

第27課 未来連体形

「これから起こるはずの未来」を表すときに用いられる名詞の修飾を未来連体形といいます。未来連体形はどの用言でも同じ活用をします。

🎧87

❶ ヨルムパンハゲヌンハングゲユハク
여름방학에는 한국에 유학
夏休み｜に｜は　　韓国｜に　　留学

カル　イェジョンイエヨ
갈 예정이에요.
行く｜予定｜です

▶갈 예정：動詞가다の未来連体形（**2**-ㄹ）＋名詞예정

❷ ハングゴルルコンブハルコエヨ
한국어를 공부할 거예요?
韓国語｜を　　勉強する　　つもり｜ですか

▶공부할 거예요：動詞공부하다に推量を表す語尾**2**-ㄹ 거예요を付けた形

❸ ネオハクタンエソコンブハルコエヨ
네, 어학당에서 공부할 거예요.
はい　　語学堂｜で　　勉強する　　つもり｜です

❹ ハングクセンファリチェミイッスルッコッ カッタヨ
한국 생활이 재미있을 것 같아요.
韓国　　生活｜が　　面白い　　みたい｜です

▶재미있을 것 같아요：形容詞재미있다に推量を表す語尾**2**-ㄹ 것 같다の해요体を付けた形

❺ ハングクチングルルマニマンドゥルコエヨ
한국 친구를 많이 만들 거예요.
韓国　　友達｜を　　たくさん　　つくる　　つもり｜です

한국 생활이 재미있을 것 같아요.

① 夏休みには韓国(に)留学する(行く)予定です。

② 韓国語を勉強するつもりですか。

③ はい、語学堂で勉強するつもりです。

④ 韓国(の)生活は面白いと思います。

⑤ 韓国(の)友達をたくさんつくるつもりです。

☞ 新出単語　🎧88

□ **유학가다** ユハッカダ 留学に行く(漢留学-)

□ **예정** イェジョン 予定(漢予定)

□ **어학당** オハクタン 語学堂(漢語学堂：主に大学に付設される韓国語の語学学校)

□ **생활** センファル 生活(漢生活)

☞ 補充単語

□ **결혼하다** キョロナダ 結婚する(漢結婚-)

□ **도깨비** トッケビ おばけ

□ **리** リ わけ、はず(漢理)

□ **약하다** ヤッカダ 弱い(漢弱)

□ **금방** クムバン すぐ(未来)、さっき(過去)(漢今片)

公式 52　未来や推測を表す未来連体形は活用 **2** - ㄹでつくる

　未来連体形は「これから起こるはずの事態や推測」を表します。未来連体形では、動詞・存在詞・形容詞・指定詞のどれも **2** - ㄹを使って名詞を修飾します。

動詞 **2** - ㄹ：体言との関係が「予定や未来」

> ● 결혼하다 結婚する ＋ 사람 人 　→ 　결혼할 사람

イ　サラミ　　チェガ　キョロンハル　サラミエヨ
이 사람이 제가 결혼할 사람이에요. この人が私が結婚する人です。

存在詞＋ **2** - ㄹ：体言との関係が「予測や推測」

> ● 있다 ある ＋ 리 わけ 　→ 　있을 리

トッケビガ　　イッスル　リガ　　オプソヨ
도깨비가 있을 리가 없어요. おばけがいるわけがありません。

形容詞＋ **2** - ㄹ：体言との関係が「予測や推測」

> ● 약하다 弱い ＋ 리 わけ 　→ 　약할 리

ミンジガ　　モミ　ヤカル　リガ　　オプソヨ
민지가 몸이 약할 리가 없어요. ミンジが体が弱いわけがありません。

指定詞＋ **2** - ㄹ：体言との関係が「予測や推測」

> ● 학생이다 学生だ ＋ 리 わけ 　→ 　학생일 리

ク　サラミ　　　ハクセンイル　リガ　　オプソヨ
그 사람이 학생일 리가 없어요. その人が学生であるわけがありません。

公式 53　活用 2 - ㄹ 것이다は主観的な推量を表す

　2 - ㄹ 것이다は、「ある事態や行動に対する話し手の意志や推測」を表す語尾です。未来連体形の2 - ㄹ に것이다をつなげた形をしています。합니다体は2 - ㄹ 것입니까、パッチムを省略した2 - ㄹ 겁니다となります。해요体は2 - ㄹ 거예요です。2 - ㄹ 거예요は緩い推量で、一般会話でよく使われます。

テクシヌン　　クムバン　オル　コエヨ
택시는 금방 올 거예요. タクシーはすぐに来るでしょう。

ネイルン　　シガニ　　イッスル　コエヨ
내일은 시간이 있을 거예요. 明日は時間があるでしょう。

公式 54　活用 2 - ㄹ 것 같다は客観的な推量を表す

　같다は体言の後ろに付いて「～みたいだ」と推量や印象を表す形容詞です。2 - ㄹ 것 같다の形で使うと、「客観的な推量」を表す語尾となります。話し手による断定の意味が強くなります。天気予報などでよく使われる表現です。

チョニョクプト　　ピガ　　ネリル　　コッ カッタヨ
저녁부터 비가 내릴 것 같아요. 夕方から雨が降りそうです。

マシッスル　　コッ カッタヨ
맛있을 것 같아요. おいしそうです。

1 次の用言と名詞のセットを未来連体形（**2**-ㄹ）でつないで、文を完成させましょう。

① 먹다／케이크

제가 ＿＿＿＿＿＿＿＿ 가 냉장고 안에 없습니다.

私が食べる（つもりの）ケーキが冷蔵庫の中にありません。

② 보다／비디오

일요일에 ＿＿＿＿＿＿＿＿ 를 오늘 빌렸습니다.

日曜日に見る（つもりの）ビデオを今日借りました。

2 次の用言を**2**-ㄹ 거예요で活用し、文を完成させましょう。

① 가다

다음주에는 부산에 출장 ＿＿＿＿＿＿＿＿.

来週には釜山に出張するでしょう。

② 좋아하다

정희 씨는 한국사람이라서 김치를＿＿＿＿＿＿＿＿.

ジョンヒさんは韓国人なのでキムチが好きでしょう。

3 次のフレーズ・用言を**2**-ㄹ 것 같아요で活用し、文を完成させましょう。

① 쉴 수 없다

너무 일이 많아서 여름휴가 때는＿＿＿＿＿＿＿＿＿＿.

あまりにも仕事が多くて夏休みは休めないみたいです。

② 오다

내일은 비가 안＿＿＿＿＿＿＿＿.

明日は雨が降らないみたいです。

1

① 제가 <u>먹을</u> 케이크가 냉장고 안에 없습니다.

◆「(これから)食べる(はずの)ケーキ」ということなので、未来連体形の **2** - ㄹ を使います。

② 일요일에 <u>볼</u> 비디오를 오늘 빌렸습니다.

◆これから見るので未来連体形の **2** - ㄹ を使って보다とビデオをつなぎます。

2

① 다음주에는 부산에 출장 <u>갈 거예요</u>.

◆話者から見て予測可能な事態や行動については、**2** - ㄹ 것이다という語尾が使えます。

② 정희 씨는 한국사람이라서 김치를 <u>좋아할 거예요</u>.

◆「韓国人なのでキムチが好きだろう」といった、主観的ではあるが一般的に認知されている事柄についても **2** - ㄹ 것이다を使うことができます。

3

① 너무 일이 많아서 여름휴가 때는 <u>쉴 수 없을 것 같아요</u>.

◆確実性には欠ける事態や行動について言う場合は、**2** - ㄹ 것 같아요という語尾が使えます。

② 내일은 비가 안 <u>올 것 같아요</u>.

◆雨が降らないと否定するときは안を使います。

雨が降る確率

　未来連体形は天気予報でよく使われる表現です。天気予報なので語尾はすべてフォーマルな합니다体です。오후부터 비가 올 겁니다.(올 거예요の합니다体)「午後から雨が降るでしょう」は確率が80%ほど、저녁부터 비가 올 것 같습니다. (올 것 같아요の합니다体)「夕方から雨が降るようです」は50%くらいです。

1 次の語を（　）の形に直し、文を完成させましょう。

① 나쁘다　（現在連体形）

매일 밤＿＿＿＿＿＿꿈을 꿔서 잘 못 잡니다.

毎晩、悪い夢をみてよく眠れません。

② 배우이다　（現在連体形）

한국의＿＿＿＿＿＿그가 일본어를 공부하고 있습니다.

韓国の俳優である彼が日本語を勉強しています。

③ 길다　（過去連体形）

＿＿＿＿＿＿머리카락을 잘랐습니다.

長かった髪を切りました。

2 次の語を（　）の指示通りに直しましょう。

① 맛없다　（現在連体形）／좋아하다　（現在連体形）

＿＿＿＿＿＿요리를＿＿＿＿＿＿사람은 없습니다.

まずい料理を好きな人はいません。

② 다니다　（回想の過去連体形）／보다　（**2**-ㄴ 적이 있다／해요体）

자주＿＿＿＿＿＿카페에서 케이팝 가수를 몇

번＿＿＿＿＿＿＿＿＿.

よく行ったカフェで、K-POPの歌手を何度か見たことがあります。

③ 입다　（**2**-ㄴ 적이　있다／합니다体）

저는 한복을＿＿＿＿＿＿＿.

私は韓服を着たことがあります。

3 次の用言を（　）の指示通りに活用しましょう。

① 시작되다　（未来連体形）

공연은 15시에＿＿＿＿＿＿예정입니다.

公演は15時に始まる予定です。

② 갈 수 있다　（**2**-ㄹ 거예요）

6시에는＿＿＿＿＿＿＿＿＿.

6時には行けるでしょう。

③ 어렵다　（**2**-ㄹ 것 같아요）

한국어는 발음이 좀＿＿＿＿＿＿＿＿＿.

韓国語は発音がちょっと難しいみたいです。

④ 만들다　（**2**-ㄹ 거예요）

대학생이 되면 남자친구를＿＿＿＿＿＿.

大学生になったらボーイフレンドをつくるつもりです。

⑤ 합격하다　（**2**-ㄹ 거예요）

다음 시험에는 꼭＿＿＿＿＿＿.

次の試験には必ず受かるつもりです。

⑥ 못 먹다　（**2**-ㄹ 것 같아요）

유니 씨는 일본사람이라서 매운탕을＿＿＿＿＿＿.

ユニさんは日本人だからメウンタンを食べられないようです。

1 ① 매일 밤 나쁜 꿈을 꿔서 잘 못 잡니다.
◆形容詞の現在連体形は **2**-ㄴでつくります。

② 한국의 배우인 그가 일본어를 공부하고 있습니다.
◆指定詞の現在連体形は **2**-ㄴでつくります。

③ 길던 머리카락을 잘랐습니다.
◆この場合、길던(**1**-던)でも、길었던(**3**-ㅆ던)でも意味に大差はありません。

2 ① 맛없는 요리를 좋아하는 사람은 없습니다.
◆動詞と存在詞の現在連体形は **1**-는でつくります。

② 자주 다니던 카페에서 케이팝 가수를 몇 번 본 적이 있습니다.
◆この場合、다니던(**1**-던)でも다녔던(**3**-ㅆ던)でも意味に大差はありません。

③ 저는 한복을 입은 적이 있습니다.
◆치마저고리は「女性が着る韓服」、바지저고리は「男性が着る韓服」。

3 ① 공연은 15시에 시작될 예정입니다.
◆ **2**-ㄹ 예정이다は「(〜する)予定だ」という表現です。

② 6시에는 갈 수 있을 거예요.

③ 한국어는 발음이 좀 어려울 것 같아요.
◆어렵다はㅂ変格用言なので活用 **2**のときにㅂが取れて우が入ります。

④ 대학생이 되면 남자친구를 만들 거예요.
◆만들다はㄹ語幹用言なのでㄹの前でㄹが落ちます。

⑤ 다음 시험에는 꼭 합격할 거예요.
◆합격하다(合格する)と同じ意味で試験に 붙다(試験に受かる)という表現もあります。

⑥ 유니 씨는 일본사람이라서 매운탕을 못 먹을 것 같아요.
◆매운탕は魚や肉、野菜などの材料に唐辛子や胡椒をふんだんに入れ辛みを効かせたスープです。

文法公式のまとめ

文法編❶ 「体言」の公式

文法編❷ 「活用」の公式

文法編❸ 「特殊な活用」の公式

文法編❹ 「体言の修飾」の公式

著者

鶴見 ユミ（Yumi Tsurumi）

神奈川県出身。韓国ソウルにある延世大学の大学院国文科で近代文学を専攻。韓国語
講師、翻訳、通訳に従事。まったくの初学者でもゼロから始めて週１回の受講で１年
以内に韓国語をマスターさせるという、文法に重点を置いた講義に定評がある。著書に
『新ゼロからスタート韓国語単語 BASIC1000』、『新ゼロからスタート韓国語 会話編』
（以上、Ｊリサーチ出版）ほか多数、訳書に『僕は「五体不満足」のお医者さん』（アス
ペクト）がある。

ブックデザイン／DTP	TOMO
カバー・本文イラスト	福田哲史
編集協力	成重 寿
音声収録・編集	一般財団法人 英語教育協議会（ELEC）
ナレーター	イ・ジェウク／イ・ミンジョン／水月優希

本書へのご意見・ご感想は下記 URL までお寄せください。
https://www.jresearch.co.jp/contact/

新ゼロからスタート韓国語　文法入門編

令和５年（2023年）６月10日　初版第１刷発行
令和５年（2023年）９月10日　　第２刷発行

著　者	鶴見ユミ
発行人	福田富与
発行所	有限会社Ｊリサーチ出版
	〒166-0002 東京都杉並区高円寺北2-29-14-705
	電話 03(6808)8801(代表)　03(6808)8806
	FAX 03(5364)5310
	URL https://www.jresearch.co.jp
印刷所	株式会社 シナノパブリッシングプレス

ISBN978-4-86392-568-7　※禁無断転載。なお、乱丁落丁はお取り替えいたします。